강 의 현
신   앙
에 세 이

숨은 마음

KB191874

숨은 마음

발행일	2022년 10월 14일

지은이	강의현		
펴낸이	손형국		
펴낸곳	(주)북랩		
편집인	선일영	편집	정두철, 배진용, 김현아, 장하영, 류휘석
디자인	이현수, 김민하, 김영주, 안유경, 신혜림	제작	박기성, 황동현, 구성우, 권태련
마케팅	김회란, 박진관		
출판등록	2004. 12. 1(제2012-000051호)		
주소	서울특별시 금천구 가산디지털 1로 168, 우림라이온스밸리 B동 B113~114호, C동 B101호		
홈페이지	www.book.co.kr		
전화번호	(02)2026-5777	팩스	(02)2026-5747

ISBN	979-11-6836-507-0 03230 (종이책)	979-11-6836-508-7 05230 (전자책)

(주)북랩 성공출판의 파트너

북랩 홈페이지와 패밀리 사이트에서 다양한 출판 솔루션을 만나 보세요!

홈페이지 book.co.kr • **블로그** blog.naver.com/essaybook • **출판문의** book@book.co.kr

---

작가 연락처 문의 ▸ ask.book.co.kr

작가 연락처는 개인정보이므로 북랩에서 알려드릴 수 없습니다.

강 의 현
신 앙
에 세 이

숨은 마음

죄를 고백하지 못하여 마음이 청결하지 못한 자,
하나님께서는 모든 사람의
마음속 죄악 된 생각을 보고 계신다!

 북랩

머리글

결혼 후, 시어머니와 한집에서 10년 동안 같이 살았다. 그 기간 동안 며느리가 아들을 빼앗아 갔다고 미워하는 시어머니의 심리를 몰라서 갈등을 겪었고, 경제 개념이 없는 남편을 원망, 불평하며 지은 죄들로 인해 삶이 답답했다.

'회개해야 한다.'라는 말씀은 알았지만 어떻게 구체적으로 죄를 끊어야 하는지를 몰라 갈등하다 호산나기도원 원장님으로부터 방법을 훈련받았다. 그것을 통해 내 인생의 기적이 일어났다. 말씀을 깨달으면서 회개야말로 하나님을 만나는 일차 관문임을 알게 된 것이다.

이 땅의 모든 크리스천의 소망이 무엇인가? 바로 하나님을 만나는 것이다. 그러면 어떻게 하나님을 만날 수 있을까? 회개를 통해서다. 물론 회개가 크리스천의 성화 과정에서 전부는 아니다. 성화를 위해 우리는 많은 영적 단계를 거쳐야 한다. 그럼에도 회개는 하나님을 만나는 일차 관문이다! 그 일차 관문을 통과하지 않고서는 영적 성장은 도저히 기대할 수 없다. 회개하면 길이 보이며, 우리 인생에 기적이 일어난다. 회개를 통해 영적·육적 치유를 경험할 수 있다.

지난 나의 삶과 사역 여정은 회개의 여정이었다. 회개를 통해 새로운 삶의 단계로 들어갔으며 새 사역의 장이 펼쳐졌다. 이 책에서 회개하고 은사를 받은 나의 치유 사역의 경험을 나누고자 한다. 수많은 책이 범람하고 있는 가운데 굳이 내가 책을 내는 이유는 단 하나다. 이 땅의 모든 사람이 회개를 통해 하나님을 만날 수 있도록 미력하나마 도움을 주려는 마음에서다. 비단 개인뿐이 아니다. 지금 우리 한국교회는 너무나 어려운 지경에 있다. 이 어려움을 극복하는 길은 오직 하나님께로 돌이키는 것, 바로 회개다. 한국교회 전체에 회개가 필요하다. 회개하면 우리 대한민국교회에 새롭고 살아 있는 생명의 길이 보일 것이다.

하나님은 영이시기에 영으로 하는 기도, 즉 방언과 통변과 예언을 통해 숨은 마음을 드러내는 은사(고전 14장)를 내게 주셔서 사람들의 마음속에 있는 어떤 사람의 얼굴은 비록 몰라도 이름만 듣고서도 성령님께 물으면 그 사람이 어떤 죄를 회개하지 못했는지를 알려주신다. 사람들은 자기의 죄가 빛 가운데로 나오면 드러날까 두려워하며 어둠에 사로잡혀 살고 있다. (요한복음 3:19~21)

대부분의 사람은 '알곡과 쭉정이를 가린다.'라는 말은 알지만 정작 본인이 쭉정이라는 사실은 모른다. '말씀을 아는 것'과 '말씀을 듣고 철저히 회개하여 마음이 청결하게 되는 것'은 다르다. (요일 3:14~15) 보통 육체적·정신적 질병의 원인은 대부분 어릴 때 부모로부터 상처를 받았고, 자기에게 상처를 준 부모를 용서하지 않은 데서 온다. 어릴 때 부모님에 대한 원망과 불평으로 자기 삶이 묶이게 된 것이다. 그런데 사람들은 그 실체를 모른 채 평생 묶임 가운데서 살아간다. 우리는 묶임에서 벗어나 '풀림'의 인생을 살아야 한다. 그 풀림의 인생을 사는 비결이 바로 회개다.

하나님은 마음의 중심을 보시는 분이시다. 이 땅에 죄가 없는 사람이 어디 있겠는가? 우리는 예수님을 믿기만 하면 죄 사함을 받는다는 말씀을 잘 알고 있다. 물론 맞는 말이다. 그러나 이 말씀으로 모든 것이 끝이라고 생각한다면 마귀에게 속는 것이다.

여호와께서 말씀하시되 오라 우리가 서로 변론하자 너희 죄가 주홍 같을지라도 눈과 같이 희어질 것이요 진홍 같이 붉을지라도 양털같이 되리라 너희가 즐겨 순종하면 땅의 아름다운 소산을 먹을 것이요 (사 1:18~19)

예수님을 믿는 순간에 우리는 구속, 곧 죄사함을 얻는다. 이것은 진리다. 그러나 그것으로 끝이 아니다. 내 몸에 숨어있는 과거의 죄를 낱낱이 자백하고 예수의 피로 씻어야 점도 흠도 없고, 주름 잡힌 것도 없는 '거룩한 신부'의 자격을 얻는다. 크리스천의 전 삶의 여정은 거룩을 향한 여정이 되어야 한다. 하나님이 우리에게 요구하시는 것이 거룩이다. 거룩의 영이 우리 삶에 가득해야 한다. 신앙생활은 간단하다. '거룩한 신부 단장'을 하는 것이다.

> 그 두루마기를 빠는 자들은 복이 있으니 이는 저희가 생명나무에 나아가며 문들을 통하여 성에 들어갈 권세를 얻으려 함이로다. (계 22:14)

마귀는 어디에 있으며 무엇을 먹고 사는가? 내가 분을 내고 죄를 지을 때, 합법적으로 내 안에 들어와 죄와 더불어 먹고 산다. 이 사실을 알고 낱낱이 자기 죄를 자백하고 철저히 회개하여 구원을 이루어 가자는 것이 나의 주장이다. 성도는 말씀과 회개를 통하여 성화되어 간다.

> 내가 이미 얻었다 함도 아니요 온전히 이루었다 함도 아니라 오직 내가 그리스도 예수께 잡힌 바 된 그것을 잡으려고 달려가노라. (빌 3:12)

사람들은 '철저하게 회개해야 한다.'는 원리는 잘 알고 있지만 실제로 죄를 알려주면 합리화하려 한다. 기도 가운데 죄를 지적하면 "죄 없는 사람이 어디 있겠어요? 그런 것이 죄인가요?"라고 반문하며 자존심 상해 하며 피하는 사람이 대부분이다. 그런데 우리 모두는 어느 날, 판결의 골짜기에 서야 할 사람들이다. 그 심판대 앞에서는 크고 작은 우리의 모든 죄가 낱낱이 드러나게 된다. 그러므로 심판대에서 심판을 면하려면 회개해야 한다.

지금도 많은 사람이 머리로는 알고 있지만 마음과 행실로는 말씀과 동떨어진 신앙생활을 하고 있다. 응답받기 위해 기도도 많이 하고 있다. 그러나 하나님의 뜻은 "회개하라 천국이 가까이 왔다."라는 말씀 속에 다 들어 있다.

"마음이 청결한 자가 하나님을 볼 것이요" (마 5:8)

마음이 청결한 자는 누구인가? 철저하게 회개한 자이다. 회개라는 일차 관문을 통과한 사람들이다. 철저한 회개가 이루어지면 누구에게든지 하나님을 볼 수 있는 은사, 사람의 숨은 마음을 드러내는 은사가 주어질 것이다.

숨은 마음을 드러내는 은사를 통해 사람들의 죄를 훤히 알려

주는 이 사역의 과정을 알리고, 더 많은 사람이 마음속에 숨은 죄를 회개하여 온전한 구원에 이르기를 바라는 마음으로 이 책을 쓰게 되었다. 부디 부족한 종의 이 책을 통해 이 땅에 회개의 바람이 불어와 모든 사람이 청결한 마음으로 하나님을 보는 역사가 일어나기를 소망한다.

마음이 아름다운 사람

김미선(대명교회 담임목사/시인)

문명이 발달하고 생활이 편리해질수록 개인주의·이기주의가 팽배해지고 폐쇄된 삶 속에서 죄가 더 극성을 부리는 시대입니다. 정신질환자가 넘쳐나고 무차별적인 폭행·살인 등도 따지고 보면 작은 상처로부터 시작된 것들입니다.

다윗의 시편에 '마스길(maskil)'이란 표제가 붙은 시편 32편은 회개의 시입니다. '마스길(maskil)'은 '깨닫다', '생각하다'라는 뜻입니다. 다윗은 죄를 감추고 토설치 않았을 때 종일 신음하므로 뼈가 쇠하였다고 합니다. 그리하여 나단 선지자로부터 자신의 죄를 지적당했을 때 바로 무릎을 꿇었고, 날마다 눈물로 침상을 띄울 만큼 철저하게 회개했습니다. 이후 '하나님의 마음에 합한 자'라 칭함을 얻었습니다. 이처럼 예수 그리스도를 구주로 섬기는 우리도 날마다 생활 속에서 지은 죄를 자백하고 예수의 피로 씻어 죄 사함을 받아야 합니다.

성경에는 치유와 관련된 내용이 많습니다. 예수님도 병든 자들과 마음이 상한 자들을 치유해주셨습니다. 이런 의미에서 강의현 목사님의 치유 사역은 지극히 성경적이라 할 수 있습니다.

어떤 사람도 자신의 죄를 지적하면 별로 좋아하지 않습니다. 그러니 주변에서는 외로운 사역이라고 만류해도, 강 목사님은 한 생명이라도 회개시켜서 주님이 주신 참 자유와 풍성한 생명을 누리게 하려는 주님의 마음으로 이 사역을 한다고 합니다. 그래서 아무리 멀어도, 까다롭고 힘든 내담자일지라도 원하는 곳이면 어디든지 기꺼이 찾아갑니다.

무엇보다 강 목사님은 자신의 속이 훤히 보이는 사람입니다. 성경이 약속한 하나님을 보는 은혜를 누리는 것이지요. 자신의 삶을 통하여 예수를 증거 하려는 사명감을 가지고 이 사역을 감당하는 것을 보며, 그동안의 사례들을 모아 함께 책으로 엮기로 했고, 드디어 출간하게 됐습니다.

많은 사람이 이 책을 통하여 회개의 필요성과 회개하는 방법을 배워서 부지런히 죄를 씻고, 신랑 되신 예수님 앞에 정결한 신부의 모습으로 혼인 잔치에 참여할 수 있기를 바랍니다. 그런 의미에서 『숨은 마음』의 출간을 진심으로 축하하며 이 책을 강력히 추천해 드립니다.

주의 길을 예비하는 자

김진혁(상림교회 담임 목사)

이 시대를 사는 사람들의 입에서 공통으로 나오는 말이 있습니다. 바로 '말세'라는 것입니다. 우리가 사는 이 시점을 말세라고 하는 것은 세상의 끝날이 가까워져 오고 있다는 것입니다. 그뿐만 아니라 사람이 태어나고 죽는 것은 하나님께서 죄인인 인간에게 정한 이치인 것이 분명합니다. 그런 의미에서 우리는 우주적인 종말이 아니더라도 개인적인 종말을 늘 마음에 두고, 오늘 밤에라도 주님이 부르시면 "아멘! 할렐루야!" 하고 주님 앞에 갈 수 있어야 합니다. 우리가 신앙생활을 하는 목적과 이유가 바로 여기에 있는 것입니다.

성경에는 메시아이신 예수님이 이 땅에 오셔서 공생애를 시작하기 전에 주님의 길을 예비한 자가 있었습니다. 바로 세례 요한입

니다. 그가 세상을 향해 외친 소리는 "회개하라 천국이 가까이 왔
느니라."였습니다. 예수님께서도 공생애 시작 첫 메시지가 "회개하
라 천국이 가까이 왔느니라."였습니다. 그리고 "사람이 물과 성령
으로 거듭나지 않으면 하나님 나라에 들어갈 수 없다(요3:5)."라고
말씀하셨습니다.

　죄인으로서는 절대 하나님을 만날 수 없습니다. 프랑스의 종교
개혁자 장 칼뱅은 자신의 저서 『기독교 강요』에서 하나님을 향한
경외와 사랑의 균형을 경건이라고 정의합니다.

　제 아내 강의현 목사는 본래의 성품도 정직하여 바른 소리를
잘하는 편입니다. 거기에다 하나님께 받은 은사가 숨은 죄를 찾아
내어 회개시키는 것이다 보니, 상대방이 조금 부담스러워할 수는
있습니다. 그러나 나는 내 아내 강 목사를 신뢰하고 자랑스럽게
생각합니다. 내가 하지 못하는 사역을 잘 해내고 있기 때문입니
다. 늘 하나님의 뜻을 묻고, 한 사람이라도 회개시켜서 온전한 하
나님의 사람으로 세우려고 몸부림치는 사람입니다.

　저도 강 목사를 통해 마음속 숨은 죄가 발각되어 회개했습니
다. 한편으론 부끄럽지만 지금 와서 돌아보니 너무나 감사합니다.

그래서 겉으로 표현은 잘 안 하지만 아내의 회개 사역을 적극 지지하고 있습니다. 이번에 책을 낸다기에 설레는 마음으로 기도하며 응원합니다.

이 책 『숨은 마음』을 접하는 모든 사람이 자신의 마음속에 숨은 죄를 찾아내어 회개하시기를 바랍니다. 그래서 이 땅에 회개의 역사가 일어나 많은 사람이 참 자유를 얻고 영생을 누리는 축복이 있기를 바라며 추천합니다.

2부
인생의 기로에서

3부
비바람이 갈 길을 막아도

4부
보혈의 능력으로

5부
깨어있으라

1부

안개의
터널을 지나

동창생

얼마 전, 중학교 때 친구 어머니의 장례식장에 조문하러 갔다가 뜻밖의 동창생을 만났다. 중학교를 졸업한 후 수십 년 만에 만난 그에게 목사인 내가 '예수를 믿느냐?'고 묻자 자신은 무신론자라고 했다. 그리곤 아내 몰래 외도한 이야기를 일말의 죄책감도 없이 오히려 자랑스럽게 하는 것이었다.

자신을 '시인'이라고 소개한 그는 시를 쓸 때 욕도 쓴다며 59번째 시집을 낸다고 했다. 시적 영감이 떠오를 때마다 메모한다던 그가 담배를 피우려 불을 붙이는 순간, 그에게 전도하고 싶은 마음이 불 일 듯 일어났다. 이렇게 말문을 열었다.

"상담학 시간에 배운 내용 중 '오이디푸스 콤플렉스'를 아는가?"

그는 내 이야기에 흥미를 보였다.

"어린 사내아이가 생애 처음 사랑하는 이성은 누구인가? 어머니다. 차츰 자라면서 엄마를 아빠가 빼앗아 갔다는 생각을 하게 되고, 경쟁심이 생겨서 아빠를 미워하게 된다는 거야. 또한, 여자 아이는 아빠를 이성으로 생각하게 되는데, 아빠 옆에 엄마가 있다는 것을 아는 순간 미움이 생긴다는 이론이야."

나는 그에게 복음의 원리들을 설명해줬고, 그는 관심을 보이기 시작했다. 다음은 그와의 대화를 설명 형식으로 풀어 쓴 것이다.

원죄는 아담과 하와가 선악과를 따 먹은 사건으로부터 시작되었다.

형제를 미워하는 자마다 살인하는 자니 살인하는 자마다
영생이 그 속에 거하지 아니하는 것을 너희가 아는 바라

(요일 3:14-15)

형제를 미워하는 자는 사망 길로 가고, 사랑하는 자는 생명 길로 간다. 원수는 내 집안 식구일 수 있다. 그럼 아버지에 대한 미움을 마음에 품고 있으면 사망 길로 간다는 것인데, 여기에서 생명 길로 돌이킬 방법이 있는가? 물론이다. 먼저 자기 죄를 인정하면 예수의 피가 우리의 모든 죄를 깨끗게 하신다.

저가 빛 가운데 계신 것 같이 우리도 빛 가운데 행하면 우리가 서로 사귐이 있고 그 아들 예수의 피가 우리를 모든 죄에서 깨끗하게 하실 것이요 만일 우리가 죄 없다 하면 스스로 속이고 또 진리가 우리 속에 있지 아니할 것이요 만일 우리가 우리 죄를 자백하면 저는 미쁘시고 의로우사 우리 죄를 사하시며 모든 불의에서 우리를 깨끗케 하실 것이요(요일1:7-9)

고린도전서 14장 24~25절에는 방언과 예언을 통해 마음의 숨은 일이 드러나는 은사에 대해 기록되어 있다.

그러나 다 예언을 하면 믿지 아니하는 자들이나 알지 못하는 자들이 들어와서 모든 사람에게 책망을 들으며 모든 사람에게 판단을 받고 그 마음의 숨은 일들이 드러나게 되므로 엎드리어 하나님께 경배하며 하나님이 참으로 너희 가운데 계신다 전파하리라(고전14:24-25)

사람의 마음속에는 죄가 숨어있다. 몸 안에 숨어있는 죄의 종류가 이렇게 많다.

또 이르시되 사람에게서 나오는 그것이 사람을 더럽게 하느니라 속에서 곧 사람의 마음에서 나오는 것은 악한 생각 곧 음란과 도둑질과 살인과 간음과 탐욕과 악독과 속임과 음탕과 질투와 비방과 교만과 우매함이니 이 모든 악한 것이 다 속에서 나와서 사람을 더럽게 하느니라(막 7:20-23, 롬1:28-31)

죄는 언제 우리에게 들어오는가?

거짓말을 하고 분을 낼 때 죄가 들어온다.(엡 4:25~26)

그럼 죄는 언제 나가는가?

자신의 죄를 인정하고 자백하며 예수의 피로 씻을 때 죄는 떠나간다. 이렇게 하는 것을 회개 기도라고 한다.

너희는 모든 악독과 노함과 분냄과 떠드는 것과 훼방하는 것을 모든 악의와 함께 버리고 서로 인자하게 하며 불쌍히 여기며 서로 용서하기를 하나님이 그리스도 안에서 너희를 용서하심과 같이 하라(엡4:31~32)

나의 유년 시절

　나는 경북 문경군 마성면에서 과수원을 경영하는 무신론 가정에서 나고 자랐다. 조부모님과 4대가 한집에서 살았다. 한동네에 할아버지의 4형제가 사셨는데, 나의 할아버지는 4형제 중 맏이였다. 할머니는 남아선호사상이 깊었다. 손주를 일찍 보고자 큰아들을 21세에 동갑내기인 처녀와 결혼을 시켜 이듬해에 내가 태어났다. 할머니는 48세에 첫 손주를 얻어 첫사랑을 넘치도록 쏟아부으셨다고 한다. 바로 밑으로 남동생이 태어나자 터를 잘 팔았다며 더욱 더 귀여워하셨다.

　할머니께서는 친정에 가실 때에도 나를 데리고 다니면서 일가친척들에게 인사를 시켰다. 낯설어 어색했던 기억이 지금도 새롭다. 크리스마스 때 시골 5일 장에서 청색 스웨터를 사주신 기억도 난다.

　나는 붉은 색 계열이 잘 어울리고 청색이 어울리지 않는 것을 커서야 알았다. 항상 붉은색 계열의 옷을 사주서서 그날은 청색 스웨터에 꽃 모양이 달린 것을 입겠다고 고집을 피웠다. 할머니께서 결국은 내 요구를 들어주셨다. 추운 겨울 시골 5일 장, 아직도 그때 그 추억을 잊지 못한다.

친정어머니께서 환갑인 나를 지긋이 바라보며, "할머니께서 얼마나 사랑하셨는지 땅바닥에 내려놓지도 못하시고 늘 업고 다니셨는데…"라고 하셨다. 며칠 전에는 여동생이 전화해서 "엄마 생일은 알고 있어?"라고 물으면서 하는 말이 "키워봤자 다 소용없어. 할머니한테 귀염받았다고 엄마 생일도 잊어버리고 말이야."라고 투덜댔다.

서울살이

여고 졸업 후, 서울에 사시는 이모님 댁에 머물며 이모부께서
소개해 주신 직장을 다녔다. 그러나 한 직장에서 오래 머물지 못
해 이직을 많이 했다. 이모님은 무당에게 가서 점치는 것을 좋아
하셨다. 어디로 이사해야 하는지 동쪽 아니면 서쪽으로, 날짜는
언제가 좋은지에 묻고는 무당이 알려 주는 대로 하시는 분이었다.

어느 날, 이모님은 나를 동네의 어느 허름한 집으로 데리고 가
셨다. 쌀을 한 줌 상에다 던지며 쌀 점을 보는 무당이었다. 그 무
당은 나에게 20세가 넘어야 앞날이 열린다고 하였다. 하지만 20세
생일이 지나서도 취업이 되지 않자, 어느 날 나 혼자 그 무당을 찾
아갔다. "왜 스무 살이 되어도 취직이 안 되느냐?"고 따지려는데,
무당의 얼굴이 너무 어둡고 무서워서 아무 말도 못 하고 되돌아
나왔다. 이모님 댁에서 더는 머물 수 없었다. 결국, 이모님 댁을
나오기로 결심했다.

이모님 댁을 나와 구로동에 있는 직업 연수원으로 가게 되었다. 당시 가죽 제품을 수출하는 회사의 부족한 인력난을 해소해주기 위해 재봉하는 법, 의상 만드는 법 등을 6개월간 교육해서 회사에 취업시키는 목적으로 국가에서 운영하는 곳이었다. 숙식 제공에 주말에만 외출이 허용됐다. 생소한 이층침대를 사용하고 탁구장을 이용하기도 하면서 전국에서 모인 친구들과 함께 교제하는 것도 매우 만족스러웠다. 나는 무엇이든 배우기를 좋아하는 성격이다.

어느 날 저녁, 기숙사 사감 집사님이 밖으로 나오라고 손짓하더니 떡을 내밀었다. 그리고는 금요일 저녁 봉제실에서 예배를 드리니 참석하라고 했다. 집사님의 친절을 거절하기도 어렵고 호기심도 생겨서 예배에 참석하기로 했다. 하지만 난생처음 참석한 예배인지라 찬송도 부를 줄 몰랐다. 그곳에는 많은 사람이 모여 큰소리로 찬송을 부르고 있었다. 그날 처음 부른 찬송가를 지금도 기억한다.

저 높은 곳을 향하여 날마다 나아갑니다.
내 뜻과 정성 모아서 날마다 기도합니다.

내 주여 내 맘 붙드사 그곳에 있게 하소서
그곳은 빛과 사랑이 언제나 넘치옵니다.
-찬송가 491장, '저 높은 곳을 향하여'

찬송을 부르며 '정말 하나님을 믿으면 높은 곳으로 나아가나 보다.'라는 생각이 들었다. 교회에 다녀야겠다고 결심하는데, 상도 동에 사시는 5촌 고모님이 생각났다. 그 고모님은 독실한 크리스 천이셨다. 고모님께 전화를 걸어 교회에 다녀야겠다고 말씀드렸더니, 고모님은 나에게 집으로 오라고 하셨다. 고모님 댁에서 주말을 보내고 함께 교회에 가서 예배를 드렸다.

6개월의 훈련이 끝나고 구의동에 있는 '대동화학'회사에 취업하게 되었다. 유년 시절 부모님은 과수원을 운영하셨지만, 할머니의 사랑과 보호 아래 어리광부리고 학교에만 다녔던 나는 집안일도 제대로 거들어 본 일이 없었던 터라 프레스 기계로 가죽 다루는 일이 쉽지 않았다. 주·야간 교대로 밤새워 일했지만, 그날 할당량을 채우지 못했다고 반장에게 야단을 맞아야만 했다. 그래도 퇴직금을 받기 위해 1년간만 견디리라 다짐했다. 그래서 정확히 1년만에 퇴직했다.

신앙생활

　'대동화학'에서 함께 생활했던 은숙이가 몹시 보고 싶다. 나이는 나보다 3살 아래인 은숙이는 밤샘 근무하고 새벽에 잠이 든 나를 주일이니 교회에 출석하자고 깨운다. 잠을 자야 하기에 가기 싫은데, 예배시간에 늦는다고 빨리 일어나 준비하라며 문고리를 잡고 서서 가자고 졸라댄다. 그런 그녀를 뿌리칠 수가 없어서 함께 따라갔다.

　설교가 시작되면서부터 졸음을 이기지 못해 아예 고개를 떨구고 잠을 잤다. 자다가 귀에 들려 오는 목사님의 이야기는 분명 내 이야기다.

　"밤새 야근을 하고 예배에 참여하여 졸고 있는 청년도 있습니다."

　교회에 출석한 지 몇 달이 지나자 청년부에서 나를 찾아왔다. 청년부에 초청하러 청년회장 임원단이 회사 앞에까지 찾아와 준 것이 정말 고마웠다. 객지 생활하며 외로웠던 나에게 관심을 기울여 준 것이 좋아서 흔쾌히 그들의 요구를 들어주었다. 매주 토요일 저녁 모임에 참석하게 되었다. 주일학교 부장님도 관심을 보여 주셨는데 너무 좋았다. 그때 출석한 교회가 구의동 시장 근처에 있는 성동교회였다. 청년부·성가대·주일학교 교사 등 교회 봉사에도 참여하였다.

나중에는 나를 인정해 주시고 아껴주시는 김용락 주일학교 부장 집사님과 전도사님 등 성도와의 교제가 너무 좋아서 상도동 장승배기 고모네 집 근처에 살면서 50분씩 버스를 타고 구의동까지 교회에 다녔다.

나의 초보 신앙생활의 멘토는 주일학교 부장 집사님이었다. 부장 집사님은 18세에 갓 전도 받아 교회에 출석하여 성경도 전혀 모르는 초신자인 나에게, 초등학교 1학년 학생 교사를 맡기며 주일학교 공과 책 한 권을 주셨다. 한 주간 가르칠 내용을 읽고 또 읽은 후에 학생들에게 설명해 주면 된다고 하기에 이 정도면 할 수 있겠다 싶어 주일학교 교사 생활을 시작했다. 부장 집사님의 말씀대로 주일학교 공과 책을 몇 번 읽으면 학생들에게 설명할 수 있겠다는 마음으로 시작했다. 그러나 내 생각은 빗나갔다. 성경 말씀은 세상의 이야기나 지식이 아닌, 영의 말씀이기에 초보 신앙인 내게는 성경 말씀을 전하는 것은 무리였다.

　배우면서 가르쳐야 하기에 성경을 읽을 수밖에 없었다. 말씀에 대한 갈급함으로 인해 예배 때마다 목마른 사슴이 시냇물을 찾듯이 말씀을 들었다. 육신의 정욕·안목의 정욕·이생의 자랑 때문에 마음의 평강을 누리지 못하는 걸 몰랐다. 이 모든 것이 죄인 줄도 몰랐고, 마음의 정욕을 자백하며 예수의 피로 씻는다는 것도 몰랐다. 철야기도·부흥집회·산기도 등 아무리 해 봐도 마음의 평강은 없었다.

　주일학교 교사가 성경 내용도 파악하지 못하고 공과 책만 외워서 가르친다는 것 자체가 우스꽝스러운 일이었다. 그런데도 부장 집사님의 말을 거절할 수 없어서 그분이 알려 주신 대로 기도와 성경 읽기·전도하기 등 순종하며 나아갔다. 그러던 어느 날 오후 예배시간에 나더러 설교를 하라는 것이다. 지금은 그때의 설교 내용이 뭔지는 기억이 나지 않지만, 말씀을 전하다가 내 마음속에서 양심의 소리가 들렸다. "너는 그렇게 살고 있느냐?" 갑자기 울음이 터져 나왔다. 학생들 앞에서 마음을 추스를 수가 없어서 밖으로 뛰쳐나갔다. 부장 선생님이 따라 나오셨다. 괜찮다고 하시며 나를 달래 주셨다. 이후 매 주일 조금씩 학생 수가 늘었다. 6명에서 25명으로 숫자가 많아지자 두 반으로 나누어서 교사를 한 명 더 늘렸다.

　나는 진심으로 성경을 깊이 알고 싶었다. 매일 설교를 듣고 성경을 배우고 싶은 마음에 새벽기도회에 참석해야겠다고 작정을 했다. 원체 새벽잠이 많아 일어나기 힘들어서 아예 밤에 교회에 와서 잤다. 권사님 한 분이 늘 교회에서 주무셨기에 그 옆에서 함께 자고 기도회를 마친 후 출근했다. 그래도 갈급한 심령은 충족되지 않았다. 그래서 길거리 전봇대에 붙은 부흥회 광고지를 보면 어디든지 참여했다.

성령세례

　주일엔 오전 9시 주일 학교 예배와 11시 예배를 마치면 성가대 연습을 한다. 점심 식사 이후에 또 2시 주일 학교와 오후 예배와 저녁 7시에 예배를 드린다. 이러다 보니 주일이면 온전히 하루를 교회에서 시간을 보내게 된다.

　어느 주일 저녁 예배 중 찬송가를 부르는 도중에 갑자기 울음이 터져 나왔다.

　'자비하신 예수여
　내가 사람 가운데
　의지할 이 없으니
　슬픈 자가 됩니다.'

　찬송 가사가 맘에 와닿았는지 멈추려고 해도 내 의지로 되지 않아 어쩔 수 없이 엉엉 소리 내어 울고 말았다.

　설교하시는 목사님도 절제시키라고 말씀하시지 않으셨다. 아마도 그날 저녁 예배는 내가 우는 바람에 분위기가 어찌 되었을지 상상이 간다. 예배를 마치고 성도들이 하나둘씩 집으로 돌아간 다음 김 부장님이 나의 등을 터치하시며 절제시켜 주셨다. 울고 난 얼굴을 보여주는 것이 몹시 부끄러웠던 기억이 아직도 생생하다. 지금 생각해 보면 그 시간 성령께서 나에게 강력하게 임재하셔서 성령세례를 받게 하신 것이다.

하나님의 부르심

그해 여름, 성동교회 청년부에서 강원도 어느 지역으로 수련회를 갔다. 텐트 2개를 강가에 펼치고 남자·여자 숙소로 나누어 2박 3일간 사용했다. 저녁 시간이 지나 모두 밖에서 캠프파이어를 하고 있을 때, 나는 텐트 안으로 들어와 성경을 읽었다. 성경책을 펴서 사도행전 13장에서부터 이어지는 바울에 관한 이야기를 읽고 있는데 갑자기 영음이 들려 왔다.

"내가 너를 바울과 같이 써야겠다."

그 소리가 들리자 엎드려서 성경을 읽다가 일어나 바로 무릎을 꿇고 앉았다. 순간 주체할 수 없는 눈물이 흘렀다. 기분이 묘했다. 하지만 이 말을 누구에게도 말할 수 없었다.

주일학교 교사들의 금요기도회 날이었다. 교사들끼리 구의동에 있는 아차산으로 기도하러 갔다. 밤늦은 시간 각자가 떨어져서 기도하는데 '랄랄라'방언이 나왔다. 뜻도 모르는데 기도를 하려고 시작하면 혀가 말리고 '랄랄라'가 나왔다. 주일학교 총무가 내 옆에서 기도하다가 신경이 쓰였나 보다. 그분은 나에게 성령이 임재하심을 알고 더 충만케 기도해주라고 옆에 있는 권사님께 부탁했다.

나중에 들은 얘기지만, 그 권사님은 도리어 나를 붙잡고 기도하기를 '랄랄라' 방언을 그치게 해달라고 기도하셨다고 한다.

2부

인생의
기로에서

인연

토요일 오후, 교회 청년부에서 꽃꽂이 강습이 있다고 했다. 평소에 관심이 있었던 터라 자연스럽게 참여했다. 젊은 남녀가 모여 예배도 드리고 2부 순서에 강습을 받았다. 사실 짧은 시간이라 무엇을 배웠는지 기억도 안 나지만 그 일을 계기로 내가 교회 청년부에 발을 들여놓게 되었다. 한 주일 결석하면 청년부 임원들이 심방을 왔다. 나는 그것이 좋았다.

몇 달 지나지 않았는데, 하루는 청년회장이 나에게 6명의 주소를 건네주며 군대에 간 형제들에게 위문편지를 쓰라고 권유했다. 나는 순종하는 마음으로 정성껏 위문편지를 썼다. 얼마 후, 위문편지를 받은 군인 형제들이 휴가를 내어 나를 만나기 위해 교회에 왔다. 그중 6개월 뒤에 제대한다는 군인 한 사람이 있었다. 군화에 황토 먼지가 그대로 묻어있는 것이 눈에 들어왔다. 보통 군인들은 휴가를 나오면 신발에 광을 내어 다니는데, 이 사람은 군

화를 닦지도 못한 채 휴가를 나온 것이었다.

　그는 6개월이 지나 제대하였고, 성동교회에서 어린이 여름성경학교 교사를 함께 했다. 성경학교를 마치고 청년부 여름 수련회 기간에 그는 나에게 관심을 보이기 시작했다. 금요 철야 기도회도 참여하며 신앙생활을 함께했다. 언젠가부터 매일 아침 선교원으로 문안 인사 전화가 왔다. 어느 순간 나도 모르게 아침마다 그 사람의 전화를 기다리게 되었는데, 며칠 동안 전화가 오지 않았다. 무슨 일이 생겼는지 궁금해지기 시작했다. 그래서 그의 어머니가 운영하는 가게로 전화를 걸었더니 어머니께서 받으셨다.

　"오늘은 집에 수리할 일이 생겨서 가게에 나오지 않으니 집으로 전화해 봐요."

　집으로 전화를 하자 그가 대뜸 "내가 보고 싶었나요?"라고 했다.

　그동안 매일 가게에 어머니 대신 일찍 나가서 문을 열어 놓고 나에게 전화했던 것이다.

　그 사람이 바로 내 남편이 된 진혁 씨다.

기도 응답

한얼산기도원에 가서 3일 금식기도를 했다. 마지막 날 새벽예배 설교시간이었다. 그날은 고 이천석 목사님의 며느리인 윤은희 전도사가 목사 안수를 받기 위해 미국행 비행기를 타는 날이라고 했다. 당시만 해도 요즘처럼 미국을 쉽게 다니는 때가 아니었다. 그래서 마음이 분주한 날임에도 이천석 목사님께서는 윤은희 전도사에게 "오늘 너를 통하여 설교를 들어야 할 사람이 있으니 꼭 설교하고 가라" 하셨다고 했다. 그 설교를 듣는 도중 갑자기 영음이 들려 왔다.

"너도 저 사람처럼 되어야 한다."

응답을 받고 나니 너무 기뻐서 3일을 굶고도 발걸음 가볍게 큰 도로까지 사뿐히 걸어 내려와 버스를 타고 집으로 왔다.

지금은 내 남편이 된 진혁 씨가 찾아왔다. 기도원에 잘 다녀왔느냐고 묻기에 응답받은 이야기를 했더니, 신학생들의 경제적 어려움을 장황하게 늘어놓았다. 어렵게 신학교를 졸업해도 여성은 전도사로서, 교회에서 목사를 돕는 조력자일 뿐이고 목사들은 대부분 남성이라는 얘기였다.

1980년대의 한국교회에는 여자 목사가 거의 없었다고 볼 만큼 귀했다. 시대적 상황이 그러했으므로 진혁씨는 본인이 목사를 하겠으니, 나에게 자기를 돕는 사모 역할을 맡아 달라고 하였다.

진혁씨는 자신을 소개하면서 4대째 내려온 신앙 내력과 친인척의 학벌과 직업을 내세웠다. 농촌 출신인 나는 그의 배경이 부러울 정도로 참 좋아 보였다. 사촌 형님은 서울대, 이모님은 숙명여대, 어머니는 일제 강점기에 목포여고 등의 쟁쟁한 학벌에 5촌 당숙은 산부인과 의사로 병원을 직접 운영하는 등의 자랑이 듣기 좋았다.

특히 4대째 내려오는 기독교 신앙의 가문이라서 더욱 마음이 끌렸다. 그러나 정작 그는 5세에 아버지께서 간암으로 별세하시고 홀로 장사하시던 어머니께서 빚보증을 서서, 살고 있던 단독주

택을 팔 수밖에 없는 상황이라고 했다.

1983년도에 부천에서 지하 단칸방 하나 얻을 돈 4백만 원밖에 없다고 이야기하며 만난 지 4개월 만에 프러포즈했다.

진혁씨는 자신의 어머니께서 근무하시는 소공동 지하상가로 나를 데리고 가서 소개했다. 화려한 불빛과 도자기들, 옆 가게 보석들이 휘황찬란했다. 도자기를 판매하고 계시기에 먹고살 만한가 보다 생각했다. 어른들에게서 들었던 '결혼은 서로 덕 보려고 하는 맘으로 한다.'라는 말이 생각났다. 나의 안정된 가정의 덕을 보고 싶은 마음을 이용한 진혁 씨도 역시, 나를 통해 덕을 보자는 심산이었고 나 또한 시어머니의 덕을 좀 봐야겠다는 생각이었다.

어머니께서는 아직 경제적으로 독립이 되지 않은 신학생 신분의 아들이 결혼한다고 하니 당연히 못마땅해하셨다. 그런 어머니께 진혁 씨는 '어머니께서 직장을 다니시니 며느리 얻어서 살림을 맡기면 좋지 않겠느냐? 그게 싫으면 며느리도 직장을 구해서 경제적 공동체로 살자.'라고 말씀드리며 설득했다고 했다.

나는 결혼 유경험자와 상의를 해보고 싶었다. 상담해주신 분은 '무람화실'을 경영하고 있었다. 그분은 화실에서 차를 한잔하며 나의 이야기를 듣더니, '그 사람은 눈이 작은 것이, 살다가 어려움이 닥치면 손수레를 끌고라도 가장 역할을 할 책임 있는 사람으로 보인다.'라고 하며 이 사람을 선택하라고 조언해 주었다. 그분의 조언을 듣고 나니 내 안에서 성령께서 하신 것인지, 나의 모성애 때문인지 모르겠으나 내가 불쌍한 진혁씨를 도와주어야겠다는 생각이 들었다.

사실은 내 처지가 자취생활 3년에 싫증 난 상태였고, 선교원도 그만둔 상태였기에 도피처가 필요했다. 그렇게 알고 지낸 지 4개월 만에 결혼 날짜를 잡고 12월 17일 결혼식을 올렸다.

진혁씨는 초등학교 5학년 때부터 본인의 배우자를 위해서 기도하기를 '하나님! 나는 과일을 좋아하니 과수원집 딸과 결혼하고 싶어요. 나는 짧은 다리가 약점이니 배우자는 날씬하고 다리가 긴 여인이었으면 좋겠어요.'라고 했는데, 그 조건을 갖춘 사람이 나였다고 한다.

여자는 사랑을 청각적으로 하고 남자는 시각적으로 한다는 말이 있다. 나 역시 목소리 좋은 남자를 좋아했기에 그이와 오늘날까지 부부의 연을 맺어 함께 살고 있다.

신혼생활

    시어머니께서 융자를 받아 마련한 28평의 방 3칸짜리 빌라에서 시어머니를 모시고 시동생과 함께 신혼생활을 시작했다. 시어머니께서는 제기 용도로 도자기를 한 가마 구워서 장사를 해본다고 하시며, 나에게 있는 비상금을 빌려 가셨다. 제기는 보통 나무 그릇을 사용한다. 도자기는 너무 무거워서 사용이 불편하다. 그래서인지 도자기 사업은 실패하였고, 내 돈만 무색하게 날아갔다. 우리에겐 생활비도 없었다. 그러다 보니 신혼 1년여 만에 신학생이던 남편과 다툼이 시작되었다.

    "빌려 간 내 돈 내놓아요."

    혜광교회 목사님께서 신학교 2학년인 남편에게 교육전도사 직책을 맡겨 주셨다. 이제 남편이 사례비를 받으면 살림에 보탬이 되겠다고 생각하니 한결 마음이 놓이고 기대감도 생겼다. 그런데 나의 기대가 무색하게 남편의 사례비는 시어머니께서 챙기시고 내게는 한 푼도 돌아오지 않았다. 이유는 그 돈으로 집을 구하느라 융자 낸 이자를 갚는다는 것이었다. 시어머니는 생활비가 필요하면 나더러 벌어서 쓰라고 하셨다. 마음이 무너져 내리고 우울증이 생겼다. 무기력한 상태로 어두운 방에서 잠만 잤다.

어느 날 교회 청년이 내게 피아노를 가르쳐 달라며 다가왔다. 그녀는 퇴근 후 저녁마다 함께 교회에서 기도회를 하자고 제안했다. 나는 너무 좋았다. 결혼 전처럼 오직 하나님만을 의지해 보려고 둘이서 조그마한 방에 앉아 저녁마다 기도했다. 성가대 봉사도 하였다. 그런데 함께 기도하던 자매가 결혼하게 되면서 멀리 남편을 따라 다른 교회로 가버리고 말았다.

나는 혼자서도 밤 기도를 그치지 않았다. 기도가 끝나면 교회의 장의자에 누워서 잠을 잤다. 교회에 소문이 자자했다. 오 권사님께서 기도하러 오셔서 같이 의자에서 잤다. 천군만마를 얻은 것처럼 마음이 든든했다.

어느 날 밤에 교회에서 기도를 마치고 의자에 누워서 잠을 잤다. 한참 자다가 눈에 불빛이 비치어 눈을 떠 보니 벽에 걸린 벽걸이 선풍기에 불이 붙어서 타고 있었다.

"불이야! 불이야!"

놀라서 일어난 권사님과 함께 수돗물을 퍼다 부어 불을 껐다. 벽걸이 선풍기가 합선되었던 것이다. 만약 나 혼자 자다가 당했더라면 얼마나 당황했을지 상상만 해도 아찔했다.

그로부터 몇 달 뒤의 일이다. 주일 저녁 예배를 드린 후 집에 돌아왔는데, 다시 교회에 기도하러 가야겠다는 생각이 들었다. 교회에 가서 문을 열었더니 지난번처럼 또 선풍기에 불이 났다. 창문 쪽 커튼에 옮겨붙을 뻔한 상황을 목격한 것이었다. 한번 경험 한 일이라 침착하게 불을 끄고 나서 담임목사님께 전화를 걸었다. 다음에는 선풍기 점검을 철저히 해서 코드를 빼놓아야겠다고 상황을 말씀드렸다.

고부갈등

　생활비 문제로 시어머님과 갈등을 많이 겪었다. 남편의 전도사 사례비로 생활하자고 건의했다. 하지만 어머니께서는 집을 구하느라 대출받은 은행이자를 갚아야 하니, 내가 받은 레슨비로 살림을 하라는 바람에 고부갈등이 생겼다. 시어머니와 잠시도 한집에 머물기 싫었다. 나는 28평짜리 집에서 오전에만 9명의 유아를 돌보며 그 수입으로 민영 주택 청약금 300만 원을 모았다.

　나의 친정집은 4대가 한 집에서 대가족 생활을 하였다. 장유유서를 지키고 부모를 공경하며 형제 우애를 실천하시는 부모님의 삶을 통해 섬김과 헌신을 배우며 성장했다. 언제든지 용돈을 달라면 이웃에서 빌려서라도 주시던 할머니의 사랑을 듬뿍 받았다. 과수원을 경영하시던 부모님은 농사일이 바빠서 7남매 자녀들의 교육에 일일이 간섭하실 시간이 없으셨다.

　대개 부모님의 지나친 훈계로 상처 입은 사람들에게서 사회성의 결여를 보게 된다. 나는 부모님의 근면 성실하심과 정직하고 진실하게 사는 모습을 보며 자랐다. 부모님께서 맡은 일을 충실히 하시는 걸 보고 자란 우리 형제들은 모두 큰 욕심 내지 않고 각자 맡은 일에 최선을 다하며 삶을 영위해 나갔다. 부모님을 공경하고 형제간에 우애 있는 동생들이 자랑스러웠다. 맏딸인 나는 동생들을 돌보던 기억이 가득하다. 덕분에 유치원 보육교사 일을 할 때, 유아들을 돌보는 데에 많은 도움이 되었고, 목회에서도 받은 사랑을 나누고자 한다.

결혼 후, 할머니께서 나를 사랑해 주시고 아껴주신 것처럼 어른들은 당연히 자녀를 배려해 주시리라 생각했다. 나는 시어머니에게서 사랑을 바랐지만, 그 기대는 처참하게 허물어졌다. 서로가 원수라는 사실을 몰랐다. 아들을 가운데 두고 서로 내 것이라고 주장하는 것이 고부갈등이라는 것을 미리 알았더라면 그토록 이유 모를 갈등을 겪지는 않았을 것이다.

시어머니께서 돌아가시기 일 년 전, 나에게 용서를 구하시는 말씀이 '며느리인 네가 내 아들을 빼앗아 가서 너를 미워했다. 용서해라.' 하시기에 적잖이 충격을 받았다. 홀시어머니와 나는 원수지간이었다.

부부갈등

　우리 부부에게는 3년이 지나도 아이가 생기지 않았다. 어느 날 교회 권사님이 나에게 부흥회에 참석하고 말씀 전하시는 여목사님께 기도를 받아보라고 권유했다. 기도해주시는 목사님께서 자녀 이야기는 모르겠다고 하시며 예언 기도를 해 주셨다.

　"김 전도사님 부부는 나중에 부부가 서로 바뀌서 하나님의 일을 하게 하신다."라고 하셨다. 아이에 대해 기도를 해 주지 않자 다들 실망한 기색이 역력했다.

　남편인 김 전도사는 2시간 거리의 신학교를 전철로 통학했다. 방과 후에는 어머니께서 일하시는 가게에 들렀다. 물건 배달이 있는 날에는 어머니의 일을 도와주고 저녁 9시경에 함께 집으로 돌아오곤 했다. 그런 남편은 머리에 베개를 대는 순간 코를 골며 잤다.

　남편은 4대째 신앙을 자랑하면서도 관습적인 신앙인이었다.

금식기도·철야기도·새벽기도를 해야만 하는 줄 아는 열정적인 나의 신앙생활로 갈등을 일으켰다. 남편은 나에게 신비주의자라고 했다. 내가 원하던 결혼생활이 아니었다. 그래서 서로 늘 짜증을 내며 지내고 있었다.

내 생각엔 신학생이라면 당연히 방학 중에 산기도·금식기도 등을 열심히 할 줄로 기대했건만, 남편은 나를 완전히 실망하게 했다. 오직 정치나 스포츠에만 관심이 있고, 나와는 정반대로 기도와 말씀에 대한 열정이 없음을 보고 있자니 답답한 마음이 들었다. 어느 날 남편에게 예수님을 만난 간증을 해보라고 했더니, 기대하지 못했던 실망스러운 대답이 돌아왔다.

"난 신학하고 목사가 되면 술·담배를 피할 수 있겠다 싶어서 '목사'라는 직업을 택한다."라는 것이었다. 세상으로 나가면 거절할 수 없을 것 같아서라고 했다. 아마 시아버지께서 술과 담배로 건강을 해쳐 간경화로 소천하신 충격 때문인 것 같았다.

한 번은 어느 전도사님이 신설 기도원이 있어서 다녀왔다면서 내게도 가보라고 권했다. 그곳은 한얼산 기도원에서 사역하던 여전도사님께서 텐트를 치고 기도원을 시작한 곳이라고 했다. 강화도 장화리에 있는 강화 기도원이었다.

날마다 원장 전도사님과 3시간씩 산에서 "주여!" 소리치며 악을 쓰기도 하면서 찬송도 하고 즐거운 나날이었다. 산에 밤나무를 심어 놓아서 함께 밤 줍는 것도 하루의 일과였다. 오랜만에 영 육 간의 자유를 누림이 참 좋았다. 며칠 후에 남편이 찾아왔다. 본인이 방학 때 산기도·금식기도 열심히 할 테니 이제 집으로 가자고 했다.

어느 날 남편이 신학교 원서를 들고 왔다. 우리에게 아이가 없는 이유가 신학을 해야 하는 아내에게 영적인 일을 못 하도록 막아서 그런 것 같다고 하며 원서를 써 주었다. 그 당시 충현교회 김창인 목사님께서 '북한선교 통일 훈련원'을 개설하시고 조준상 목사님께서 실무를 맡으셨다. 그 산하에 선교신학교를 세우셨다. 시아주버님께서 입학금 50만 원 중 30만 원을 보태주셔서 신학을 시작하게 되었다. 나머지 4년 동안의 학비는 초등학생에게 피아노 바이엘을 가르치며 충당했다. 4년간 매일 말씀을 배우는 동안 나를 말씀에 비추어 보는 기회가 되었다.

내게 보험회사 컨설턴트를 하여 돈 벌기를 원하셨던 시어머니께서는 나를 대놓고 무시하며 "공부는 제대로 하냐?"라고 비아냥거리셨다. 상한 마음을 누르고 하나님께 장학생이 되게 해달라고 기도했다. 장학금을 받으면 절반은 내가 쓰고 나머지는 어려운 신학생에게 줄 터이니 시어머니에게 인정받도록 해달라고 간절히 기도했다. 하나님께서 응답하셨다. 전액 장학금을 받았다. 시어머니께 가서 말대꾸한 것 잘못했다고 용서를 구했다.

호산나 기도원

　남편이 강남 포이동 교회에 부목사로 부임하게 되었다.
　걸어서 교회를 다니는데, '호산나 기도원'이라는 간판이 눈에
띄었다. 순간 영음이 들려 왔다.

　　"들어가라."

　난 고개를 흔들며 "아니요, 지하실에서 기도원 하는 데는 싫어요."
　대신 밤에 철야 기도하는 구국 제단에 가서 밤새 기도를 했다.
1년쯤 지나서 구국기도원 원장님의 말에 충격을 받았다.
　"밤에만 부르짖는다고 되냐?"
　낮에도 예배가 매일 있으니 나오라는 것이다. 낮에는 운전면허
시험을 보기 위해 학원엘 다니고 있었다. 구국기도원에서 기도훈
련을 받으며 2년간의 세월이 흘렀다.

어느 날 문득 '호산나 기도원' 생각이 났다. 하나님께서 가라고 하신 지하 기도원이다. 집에 있자니 심심했다. 저녁 시간에 찾아 갔더니 낮에만 예배가 있다고 했다. 다음 날 예배가 시작되어 뒷 자리에 앉아 있는데, 원장님께서 느닷없이

"오늘 처음 오신 분! 시어머니에 대한 미움과 시동생에 대한 시 기 질투와 목사가 기도하지 않는다고 무시·멸시한 죄 빨리 예수의 피로 씻어라."라고 하셨다.

그 말을 듣는 순간, 마음속으로 '저분은 다윗의 죄를 지적한 나단 선지자의 사역을 하시는구나!' 하고, 원장님의 얼굴을 보기 가 부끄러워서 마지막 주기도문을 할 때 도망치듯이 집으로 왔다.

일단 시어머니에 대한 미움을 해결해야겠다고 결심하고 시어머 니의 처지를 이해하려고 역지사지 기도를 했다. 나에게는 남편도 있고 조부모님과 부모 형제가 다 있고, 할머니의 사랑을 독차지하 며, 하나님께서도 나를 사랑하신다 생각하니 시어머니가 불쌍히 여겨졌다. 32세에 남편과 사별하시고 홀로 살아오신 어머니가 불 쌍히 여겨지면서 내 눈에 눈물이 주르륵 흘러내렸다.

다음 날 호산나기도원에 가자, 원장 전도사님께서
"회개가 되었네!" 하시며 자주 와서 배우라고 하셨다.

곤지암으로

  25년 전, 남편 친구 목사의 추천으로 이곳 곤지암 산골에 있는 '상림교회'의 담임목사로 부임해왔다. 내 나이 36세, 그때는 시골보다 도시에서 교회를 개척하는 추세였다. 그렇지만 남편은 개척은 절대로 못 한다며, 열 가정 정도의 성도가 있는 교회면 교회를 할 수 있겠다고 한다. 이곳이 딱 제격이었다. 그래서인지 오랜 세월이 지난 지금도 성도가 열 가정이다. 믿음대로 된 것이다. 그렇게 목회 사역이 시작되었다. 그 당시 교회 상황은 성도 11명에 재정이 월 30만 원~60만 원 정도였다. 당연히 생활이 어려웠다.

  호산나 전도사님께 열악한 교회 형편을 말씀드렸다. 외진 시골 동네이다 보니 어린아이들이 없어서 피아노 레슨도 하기 힘들었다. 새벽 기도 마치고 어린이집 보조 교사로 20일간 다녀 보았는데 건강이 따라주지 않았다. 나의 건강 상태를 보신 원장님은 일을 하기보다는 하루에 3시간씩 엉덩이 붙이고 기도하라고 하신다. 순종하는 마음으로 3시간씩 기도하려고 애쓰는데 쉽지 않았다. 기도하려면 일이 눈에 보이고, 엉뚱한 일이 생기고, 일하다 보면 지쳐서 기도할 에너지가 다 소진되어 깊은 기도를 하는 날이 극히 적었다. 그래도 이겨내려고 기도 자리에서 뒹굴면서 떠나지 않았다.

기도를 못 하는 주간에는 영락없이 전도사님에게 지적을 당했다. "기도하다가 의자에 누워 잤지?" 하고 물으신다. 난 놀라서 "어떻게 알았어요?" 기도해 보면 영이 삐쩍 마른 모습이 보인다고 하신다. 그 말에 충격을 받고, 그다음부터는 정신 차리고 근신하여 기도했다. 열심히 기도한 그 주간에는 칭찬하셨다. "기도 제대로 했구나! 영이 토실토실 살이 쪄 있네!" 하셨다. 지금은 고인이 되셨지만, 나에게 기도훈련을 시켜 주신 영적 스승인 박경술 전도사님이 그립다.

노회 체육대회 하는 날과 호산나 기도원에 예배하러 가는 날이 겹쳤다. 난 당연히 기도원을 선택했다.

푸짐한 선물과 맛있는 점심 등 육신의 즐거움을 뿌리친 채 열심히 기도의 자리를 찾았다. 매주 화요일 기도원에 갈 때면, 이번

주는 누구를 데리고 갈까 궁리하며 여기저기 전화하면서 주변에 교제하는 분들을 원장님께 소개했다. 원장 전도사님은 예배 때마다 죄를 지적하며 낱낱이 회개하는 법을 알려주셨다. 덕분에 기도원엘 다녀오면 마음에 평강이 넘쳐나고 입으로는 찬양을 흥얼거리고 있었다.

"이 세상은 요란하나 내 마음은 늘 편하다…"

우리 부부싸움의 근원은 항상 나였다. 사모 입장에서 깊은 기도를 못 하는 남편 목사를 보면 속에서 화가 치민다. 목사가 기도하지 않아서 교회가 부흥되지 않는다고 생각하니 늘 기도 하지 않는 남편이 불만스러웠다.

"교회가 부흥이 안 되면 금식기도도 좀 하시고 함께 기도합시다."

어느 날 '호산나기도원' 원장 전도사님이 오셔서 남편에게 기도하라고 하자, 자기는 24시간 기도한다고 말했다. 회개하라고 하면 자기는 죄가 없다고 했다.

남편은 총신대학교를 졸업한 목사라는 자부심이 대단했다. 그러니 신학도 하지 않은 여전도사의 권면은 귀에 들리지도 않는다. 설교에 대한 자부심도 아주 대단했다. 듣기 쉽게, 간략하게, 필요한 부분만 이야기했다. 그런데도 성도들의 삶에 변화를 주지 못했다. 부부간에도 소통이 되지 않았다. 우리 집의 분란은 다 아내 탓이고, 당신은 인격자라고 생각했다. 남편은 누군가가 미워도 절대 말로는 하지 않았다. 혈기가 일어나도 겉으로는 내색을 안 하고 속으로만 끙끙거렸다. 난 속에 있는 생각을 다 말해야 속이 후련했다. 그러니 우리 부부는 불통일 수밖에 없었다.

남편은 다섯 살의 어린 나이에 아버지를 잃고, 가난한 홀어머니의 장남으로 자라면서 여러 가지 상처가 많았다. 내 눈에는 남편의 상처가 훤히 보였다. 정태기 목사님의 치유 프로그램에 참여하자고 해도, 자신은 치유 받을 것이 없다고 했다. 아내의 말은 절대 듣지 않기로 결심했단다.

상림교회

상림교회로 부임 받고 이사하는 날이었다.

새로운 목사님이 오시는 줄 알고 있을 텐데 성도들이 한 명도 나와 보지 않았다. 중형교회 부목사로 있던 때는 나름대로 섬김을 받았는데 여기서는 환영받지 못하는 느낌이었다.

상림교회는 97년도에 설립하여 25년째 되는 무렵에, 세 분의 목사님이 5년 정도 시무하시다가 도시로 나가셨다고 했다. 우리가 여기로 오기 전전 김○○ 목사님이 교회를 재건축하셔서 마무리를 다 하지 못하고 도시로 나가셨고, 후임으로 오신 변○○ 목사님이 5년 시무하시면서 의자도 들여놓으시고 외부도 정리하셨다고 한다. 그 후 변 목사님은 가정 사정으로 사임하셨다.

김○○ 목사님이 상림교회를 재건축하시다가 마무리를 다 하지 못하고 떠나셨을 때 상처받은 집사님이 계셨다. 교회 지을 때

땅을 담보해준 김 집사님이다. 김 목사님께서 1천만 원의 은행 대출금을 정리해주지 않고 떠나셨다고 시험에 든 것이다. 그로 인해 남편은 교회를 떠났다.

김○자 집사님은 보험을 하시는데 김○○ 목사님을 좋아하셨다. 김○○ 목사님은 외모도 미남이신 데다 복음 가수 못지않게 찬양을 잘하셨다. 내 남편 김 목사는 목소리는 좋은데 찬양 연습을 하지 않아서 매우 아쉽다.

김○자 집사님은 나름대로 십일조 헌금을 많이 하신 편이었다. 우리 부부에게 보험을 들어 달라고 해서 한 달 보험료만 40만 원이 나갔다. 매달 교회의 재정 액수는 100만 원 정도였다. 심야 전기료·의료보험료·아들 유치원비 등등 생활비로 쓸 것이 적잖았다. 그분이 교회 재정을 맡고 계셨다. 적자인 재정을 맡고 있자니 본인도 안타까웠나 보다. 가끔 목사님을 독대해서 교회 부흥을 위해 승합차를 사자고 했다. 학생들을 태우고 다니며 여행하면 교회에 중고등부 학생들이 많아지지 않겠느냐고 했다. 교회 재정으로 목사의 생활비도 안 되는데, 할부로 차를 살 수 없다고 남편은 반대했다. 그로 인해 집사님은 '김 목사님은 어찌하여 교회를 부흥시키지 못하시느냐?'라고 채근한다. 본인은 잠을 줄여 가며 최선을 다해 일하기에 보험회사에서 가끔 1등을 한다고 했다.

　김 집사님은 김 목사에게 자기 의견을 늘 말씀한다. 김 목사님이 '예, 알겠습니다.'만 하고 대응하지 않자, 하루는 화가 나서 더이상 '상림교회'에 나오지 않겠다며 문을 꽝 닫고 나가셨다. 나는 정말로 안 오면 어쩌지? 걱정되어서 내게 있는 옅은 갈색 실크블라우스를 가지고 집사님 댁으로 찾아갔다.

　"집사님, 교회 부흥이 되지 않아서 답답하시죠? 목사님께 속시원히 말씀 잘하셨습니다. 늘 내가 잔소리하는 것이 바로 그 이야기입니다. 그런데 또 다른 한편으로 보면 만약 김 목사가 능력이 있다면 이 시골에 성도 10명밖에 안 되는 교회로 왔겠습니까? 도시에서 개척했겠죠? 조금만 기다려 주십시오. 아직 준비가 덜되어서 그러니 김 목사도 이제 열심히 기도하며 말씀연구 할 것입니다."

　어느 날 내가 호산나기도원에 다닌다고 김 집사에게 말했더니, 자기도 같이 가고 싶다고 했다. 내 남편 김 목사는 내심 좋아하며 원장 전도사님을 상림교회로 오시라고 해서 만나게 하라고 한다. 김 집사는 보험회사 동료 한 명을 데리고 상림교회에서 기도를 받았다.

　원장 전도사님은 김 집사님에게 '교만한 죄'를 회개하라고 하셨단다. 그런데 김 집사님은 교만 죄를 회개하라는 이야기를 듣고도 별로 반응이 없는 얼굴이었다. 사실 교만 죄가 무엇인지 잘 모르기 때문이었을 것이다. 교만 죄는 자기가 주인이다. 예수님이 나의 주인이 되어야 하는데, 대부분의 성도는 예수님을 '오직 나를 위해 존재하시는 분, 내 욕구를 채워주시고 나의 기도를 들어 주시는 분'으로 믿는다. 내가 예수의 사람으로 축복을 받아 성공한 삶을 통하여 주님께 영광을 돌리고자 하는 기복신앙이다.

성령세례를 받고 십자가의 고난과 연단을 통과한 후 자아 파쇄를 거쳐야 장성한 믿음의 분량으로 자라나는데

대저 젖을 먹는 자마다 어린아이니 의의 말씀을 경험하지 못한 자요 단단한 음식은 장성한 자의 것이니 그들은 지각을 사용함으로 연단을 받아 선악을 분별하는 자들이니라(히5:13)

말씀에 굴복하여 살아야 한다는 사실을 지식으로 알고 입으로는 말하지만 자기의 죄를 인정하고 자백하여 예수의 피로 씻지 않고는 온유와 겸손으로 나아 갈 수 없다.

"너희는 유혹의 욕심을 따라 썩어져 가는 구습을 따르는 옛사람을 벗어 버리고, 오직 너희의 심령이 새롭게 되

어 하나님을 따라 의와 진리의 거룩함으로 지으심을 받은
새 사람을 입으라"(엡4:22-24)

그 후 집사님은 보험 일에 몰두해서 한 달에 천만 원씩 수입을
올렸다. 나도 주변 사람들에게 '종신보험'을 들라고 소개했다. 우
리 부부도 가입했다. 김 집사님은 한 달 수입이 천만 원으로 보험
설계사 중 1등이란다. 돈 벌어서 십일조로 교회 재정을 충당할 테
니 기도 많이 해달라고 했다.

6년이 지난 어느 날 소화가 되지 않는다고 하며 교회를 찾아
왔다. 큰 병원에 예약하려면 3개월이 걸린다고 하며 걱정한다. '나
는 응급실로 가면 된다. 만약 병이 없다면 보험이 적용되지 않고,
병이 나오면 가장 빠른 치료를 할 수 있다.'그래서 아산병원 응급
실로 갔다. CT 촬영을 했는데 담낭암이라고 의사가 나에게 알려
주었다. 전신에 다 퍼져서 수술할 수 없다고 하는데, 암이 얼마나
심각한지는 집사님에게 알려주지 못했다. 집사님은 수술하면 나
아질 것이라고 믿었다.

암 치료 시기를 놓쳤다. 보험회사에서 정기 검진을 받으면서도
본인이 암일 것이라고는 추호도 생각한 적이 없기에 건성으로 건

강 검진을 했다는 것이다. 보험을 많이 들어 놓았지만, 수술하지 않으면 수술비 보험금 지급이 어렵다고 했다. 보험금 타기 위함도 있고 혹시나 하며 남편과 친정 식구의 권유로 복부를 열었지만 역시 손을 쓸 수 없는 상태였기에 그냥 닫았다고 했다.

병원 침대에 누우신 김 집사님 소원은 속히 건강을 회복하여 여생을 교회 옆에 집 짓고, 새벽 기도하며 예배하며 사는 거라고 했다. 나에게 병간호를 부탁했다. 남편과는 각방 쓴 지가 오래되어서 애정이 전혀 없다고 했다. 남편의 외도와 시어머니와의 불화를 용서하지 못한 채로 부부가 하나 되지 못하고 집사님은 병원에 입원한 지 20일 만에 세상을 떠나자 그녀의 남편은 마음을 잡지 못하여 아내 사망 보험금과 집과 남은 재산을 노름으로 다 탕진했다는 소식을 들었다.

"여호와 경외하는 것은 악을 미워하는 것이라 나는 교만과 거만과 악한 행실과 패역한 입을 미워하느니라

(잠8:13)"

전도의 열매

　80평 남짓 된 예배당 구조는 사택과 교회가 하나의 현관으로 출입하도록 지어져, 목회자가 생활하기 편리하게 설계되어 있었다. 유년 시절 시골에서 20년을 자랐기에 전원생활이 내 취향에 제격이었다.

　이제 전도에 전념해야 했다. 주일 학생이 6명이었다. 주일 학생 중에 '준영'이라는 아이가 있는데, 자기 엄마가 허리가 아프셔서 하시던 양계장 일을 잘 못하신다는 것이다.
　"사모님! 우리 엄마 좀 만나 주세요." 하기에 찾아갔다.
　준영이이 엄마를 만나서 매주 화요일에 내가 다니는 호산나 기도원에 함께 가자고 제의했다. 그녀는 교회도 안 다녀 본 사람이 호기심에 거절하지 않고 흔쾌히 따라나섰다.

　예배 후, 개인적으로 원장님께 기도를 받고 나온 준영이 엄마 얼굴 표정이 완전히 달라졌다. 난 그때부터 회개 전 얼굴과 회개 후 얼굴 표정을 읽을 수 있게 되었다.

그녀가 말하기를 자기의 살아온 이야기 즉, 숨겨진 마음과 지난 과거의 삶을 정확히 아서서 무척 놀랐다는 것이다.

친정어머니에게 첫 결혼 때 낳은 딸을 맡겨 놓고 재혼 후 찾지도 않은 것과 엄마와 원수처럼 지내고 있는 상황과 남의 담장에 열린 호박을 몰래 따 먹은 일을 말씀하시는데 너무 놀라서 할 말을 잊었다는 것이다. 원장님에게 훈계를 받은 이야기를 하는 준영이 엄마는 자기의 모든 행위를 낱낱이 아는 전도사님이 너무 신기하다며 흥이 나서 이야기하는 것이 아닌가? 나는 혹시나 훈계를 못 받아들이면 어쩌지! 하는 불안감도 있었는데…

행함이 없는 믿음은 죽은 믿음이다. 진정한 회개는 땅에서 매인 것부터 푸는 것이다. 엄마와 단절하고 지내던 준영 엄마를 설득하여 엄마를 찾는 일부터 하자고 제안했다. 양계장에서 숙식하던 다섯 식구가 나오면 거처할 집이 필요하기에 내 친구 두 명과 함께 일 인당 백만 원씩을 각출해서 홍 권사님네 빈방 한 칸을 수리하여 살도록 해주었다. 이 소문을 듣고 서울로 교회를 다니던 박 집사님이 우리 교회에 등록하셨고, 피아노 반주로 봉사하셔서 하나님께 감사했다. 온전한 십일조로 교회의 재정도 채워주니 감사했다. 하나님의 교회는 하나님께서 경제적인 모든 부분을 경영하신다는 것을 체험했다.

인천서 영어 학원을 운영하다 오신 박 집사님께서 곤지암에 학원을 개설하신다고 하셨다. 나는 초등학교 2학년인 아들의 동창 엄마들을 소개하여 학원이 시작되었고, 학원이 번창하게 되었다. 그뿐 아니라 훗날 내가 기도원을 창립하여 개원예배를 드린다고 말했더니, 근사한 화분을 보내 주기도 했다. 기도원 사역에 회의적인 남편과는 반대로 박 집사님은 적극적으로 도움을 주었다. 그뿐만 아니라 영어 학원 학생들을 주일에 초청해서 예배 후, 줄을 세워놓고 내게 기도를 받게 하였다.
"얘들아! 사모님께 기도 받아라."

학원 자모들과 인천에 사는 박 집사님 친구 등등 많은 분을 내게 소개해 주었다.
나를 은근히 무시하는 남편 앞에서 기를 세워주시는 박 집사님이 얼마나 좋고 고맙던지….
남편은 그때부터 나의 사역을 인정하기 시작했다.

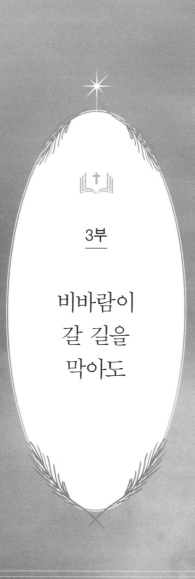

3부

비바람이
갈 길을
막아도

마음을 감찰하시는 하나님

내 아들 주안이 7살 때였다.

나는 김치를 담그느라 분주했다. 아들 주안이는 친구가 놀러 와서 둘이 텔레비전 만화를 재미있게 보고 있었다. 아들의 도움이 필요하여 이름을 부르며 심부름을 시켰다. 주안이는 갑자기 화를 내며 두 주먹을 불끈 쥐고 발을 바닥에 쾅쾅 치며 소리를 질렀다.

"엄마는 왜 친구가 있는 데서 창피하게 나에게 심부름을 시켜요?"

그날 저녁쯤에 주안이가 열이 나기 시작했다. 병원에 가서 주사 맞자고 했더니 주안이가 주사 바늘이 무서워 싫다고 했다.

"호산나 원장 전도사님에게 기도해 달라고 하면 열이 내릴 것 같으니 빨리 전화해 봐요." 한다

주안이는 네 살 때부터 기도원엘 데리고 다녔다. 밥상머리 교육이라고, 매주 한 명씩 기도원에 함께 간 분들의 개인적 회개에

관한 이야기를 집에 돌아와 식사할 때마다 남편에게 했더니만 옆에서 듣고 있던 주안이가 질문을 했다.

"엄마, 나는 전도사님이 뭘 회개하라고 했어요?"

부부 싸움은 대부분 서로의 감정싸움인데, 본인은 회개할 것 없다는 남편보다 지혜롭다. 어린아이 같지 않고는 천국에 갈 수 없다는 말씀이 생각난다. 주안이는 늘 나에게 회개를 촉구하던 전도사님을 신뢰하고 있었던 모양이다.

호산나 전도사님께 전화를 걸었더니 '주안이 바꿔봐라' 하시기에 바꾸어 주었더니, 둘이서 한참 대화하였다.

전화를 끊고 난 다음 주안이는 '전도사님께서 엄마에게 화낼 때 주먹 쥐고 발을 쾅쾅 굴렀느냐?'라고 물으셔서 깜짝 놀랐다고 했다. 그리고 엄마가 전도사님에게 미리 전화해서 자기가 한 행동을 다 말했느냐고 내게 물었다. 나는 김치 담그느라고 분주해서 그럴 시간이 없었다고 하자, 주안이는 그럼 전도사님이 어떻게 자기의 행동을 다 본 듯이 말씀하실 수 있느냐며 질문을 했다.

나는 웃으며 "하나님은 불꽃 같은 눈으로 감찰하시는 하나님이시기에 다 보시고, 전도사님은 예언의 은사, 숨은 마음을 드러내는 은사가 있어서 아는 것이다."라고 했다. 그러자 주안이는 "그럼 행동으로 하지 않고, 마음속으로 화를 내면 하나님께서 보지 못하시겠지?"라고 했다. 나는 "마음의 중심을 보시는 하나님이시다."라고 했다. 주안이는 하나님이 자신의 언행을 다 아시니 어떻게 해야 하는지에 관하여 고민스러워했다.

"주안아! 그래서 예수님이 필요한 거야. 회개란 예수님이 십자가에서 돌아가시면서 흘린 그 피로 나의 더러워진 언행을 인정하며 믿음으로 씻는 거란다."

중학교 동창생 민 집사가 아들 종○이를 기도원에 데리고 왔다. 전도사님이 죄를 지적하자 종○이는 전도사님을 가리켜서 "족집게"라고 했다. 종○이 아버지는 "내 마음속을 저분께서 다 보고 있으니 부담스러워서 그분 곁에 있을 수 없다."라며 큰 교회로 가서 신앙생활을 했다.

믿는 자는 자기의 언행을 날마다 자백하고 통회하며 구원을 이루어 가야 한다. 이미 예수 믿고 구원받았다고 시인하는 자들도 이 말씀에 비추어 보아 자신의 마음속에 숨은 죄를 낱낱이 고백하기를 바라는 마음이다.

불의를 행하는 자는 그대로 불의를 행하고 더러운 자는 그대로 더럽고 의로운 자는 그대로 의를 행하고 거룩한 자는 그대로 거룩하게 하라 보라 내가 속히 오리니 내가 줄 상이 내게 있어 각 사람에게 그가 행한 대로 갚아 주리라 나는 알파와 오메가요 처음과 마지막이요 시작과 마침이라 자기 두루마리를 빠는 자들은 복이 있으니 이는 그들이 생명나무에 나아가며 문들을 통하여 성에 들어갈 권세를 받으려 함이로다 개들과 점술가들과 음행하는 자들과 살인자들과 우상 숭배자들과 및 거짓말을 좋아하며 지어내는 자는 다 성 밖에 있으리라(계22:11-15)

오토바이 사고

남편 김 목사가 50CC 오토바이를 구매했다. 그런데 동네 아이가 자기가 가지고 있던 키를 김 목사의 오토바이에 넣어 보니 시동이 걸렸다고 한다. 그 길로 오토바이를 타고 나가서 진우리 물류 창고에 버리고 왔다고 한다. 동네 아이를 야단칠 수도 없었다. 나는 남편에게 하나님께서 사고 날까 봐 동네 아이를 통해 버리라고 한 것이니 재구매하지 말자고 했다. 그러나 워낙 아내의 말을 듣지 않는 내 남편이 또 오토바이를 구매해서 가져다 놓았다. 초등학교 6학년이 된 아들에게 오토바이 타는 법을 알려주었다고 했다.

어느 토요일 밖에서 일을 보고 돌아왔더니, 한 집사님께서 하시는 말씀이

"주안이가 오토바이를 타는데, 어찌나 과속으로 다니는지 무척 위험해 보인다."라며 걱정하셨다.

김 목사는 아들이 훌쩍 자라서 신나게 오토바이를 타는 것이 대견해 보였단다. 그다음 날이 주일인데 주안이는 무리해서 식사도 못 하고 몸살이 났다. 남편은 밥도 먹지 않고 누워있는 아들에게 몸살약을 사다 먹인 후, 오토바이에 주유하고 오라며 돈을 주어 보냈다.

한동네 사는 주안이 친구 경호가 교회에 왔다. 나는 용돈을 만 원 주면서 "경호야! 혹시 주안이가 오토바이 뒷자리에 함께 타자고 해도 절대로 타면 안 된다." 하고 당부했다. 한데 그 돈이 도리어 사고를 내는 원인이 되고 말았다. 나의 예상대로 경호에게 내 아들 주안이가 오토바이를 타라고 했다. 그들은 마트에 가서 내가 준 용돈으로 먹을 것을 사려고 같이 오토바이를 타고 달렸다. 그 순간 뒤에 탄 경호가 운전하는 주안이에게 말을 걸었단다. 아들은 달리는 도중에 대화하려고 뒤를 돌아보다가 그만, 가드레일에 부딪혀서 넘어졌다.

결국, 사고가 난 것이다. 주일 오후 3시쯤 전화가 울렸다.
"오토바이 뒤에 타고 있던 아이는 동공이 풀린 것을 보니 죽을 것 같아요."
목격자는 사고 현장을 많이 목격한, 스포츠 신문에 관련된 사람이라고 했다.

나는 드라마 〈대장금〉 재방송을 재미있게 보고 있다가, 놀라서 김 목사에게 빨리 현장에 가보라고 했다.

"별일 없겠지."

나는 추측만 하면서, 그 상황 속에서도 연속극에 도취되어 있었다.

"차량과 부딪쳤으면 차가 사고처리를 하겠지!"

내 추측은 빗나가고 말았다. 사고 현장에 도착한 남편이 소리쳤다. 비명이었다. 사고 현장을 목격하고 적잖은 충격을 받은 것 같다.

목격자는 운전 중에, 길에 신발이 떨어져 있고 오토바이가 넘어져 있기에 차를 세우고 살펴보았다고 한다. 왼쪽 다리 허벅지 뼈가 부러져 있던 아들 주안이에게 엄마 전화번호를 물어 나에게 연락을 준 고마우신 분이었다. 경호가 문제였다. 눈과 귀·입으로 피를 많이 흘려서 병원 응급실에서도 받지 않으려고 했다. 남편 김 목사는 병원 측에 응급환자를 처치하지 않으면 고발하겠다고 했다. 그러자 어쩔 수 없이, 이미 흘린 피를 제거하고 피가 완전히 지혈되어야 사진도 찍는다고 했다.

주일은 의사들이 쉬는 날인데 병원에 호출되어 새벽 2시경 다리수술을 했다. 이튿날 주안이를 수술한 의사가 '주안이는 장애를 입어서 아마 군대에 갈 수 없을지도 모른다.'라고 하였다. 그 말을 전하며 김 목사는 눈물을 훔쳤다. 나는 주안이 다리는 주님이 해결해주실 테니 걱정하지 말라고 했다.

더 큰 걱정은 경호였다. 안전모를 쓰지 않고 오토바이 뒷자리에 탔다가 넘어지면서 머리를 다쳤기 때문이었다. 혹시 언어장애라도 생기면 어쩌나 노심초사했다. 천만 다행히도 머리가 깨지긴 했지만, 뇌 손상은 입지 않은 상태라고 했다. 15년이 지난 지금 잘생긴 경호는 군 복무 후 헤어디자이너가 되어 미용업에 종사하며 결혼하여 잘살고 있다고 한다.

기도원을 시작하다

아이들의 사고 후, 치료가 마무리되자 내 안에서 울분이 일어났다. 남편에 대한 원망과 불평이다. 정말이지 참을 만큼 참고 견디었는데, 이젠 도저히 견디기가 힘들었다. 목회는 관심이 없고, 오직 축구·헬스·운동·등산에만 관심 있는 사람이었다. 잔소리해도 소용없고, 사지 말라는 오토바이를 기어이 사서 아들이 사고가 나도록 도운 꼴이 된 남편이 죽이고 싶도록 미웠다. 그리하여 소리치며 악을 쓰고 있는데 전화벨이 울렸다. 포이동 교회에서 함께 사역하시던 여전도사님의 전화였다. 마음이 답답하니 기도 받으러 함께 가자고 하셨다. 난 10배로 더 답답하다고 웃으며 약속을 했다.

그렇게 찾아간 곳이 온양이었다.
온양 권사님께서 기도 중에 하시는 말씀이
"하나님께서 20세에 사도행전 읽을 때 사명 주신 적 있지요?

생각나세요?"

내 눈에 눈물이 주르륵 흘렀다.

"생각나고말고요. 그 순간 들었던 하나님의 음성이 지금도 뚜렷이 기억나고 평생 잊을 수 없지요."

그 권사님이 말씀을 이어가셨다.

"이제 연단 끝나셨으니 하나님 일하셔야 합니다."

집으로 돌아와 남편에게 기도 받고 온 이야기를 했더니, 말도 안 되는 소리라고 했다. 더구나 기도원을 한다고 했더니 펄펄 뛰며, 나를 데리고 기도 받으러 간 전도사님께 전화를 걸어서 역정을 냈다.

사실, 나도 기도원을 하겠다고 말은 꺼냈으나 실제로 무얼 어떻게 해야 하는지 막막해서 3일 동안 그냥 누워만 있었다. 누워서 끙끙대다가 친하게 지내던 서 사모님이 생각나서 벌떡 일어나 전화를 걸었다. 자초지종을 말씀드렸더니 웃으시며 말씀하셨다.

"어느 강도사님이 교회를 하다가 기물을 다 두고 가셔서 비어 있는 지하실이 있으니 거기서 기도원 하면 되겠네."

나는 머뭇거리지 않고 단숨에 달려갔다. 지하실을 보러 갔지만, 1층에 10평 정도의 상가가 더 마음에 들어 보증금 100만 원에 월세 20만 원으로 계약했다.

'복의근원기도원'이라고 간판을 붙였다.

그나저나 순종하는 마음으로 시작은 하였지만, 기도원을 어떻게 운영해야 할지 막막했다. 난감해하던 차에 정 목사님 사모님께서 월세를 부담해 주시겠다고 연락이 왔다. 내 남편의 반대가 워낙 심한 터라, 월세를 밀리더라도 사모님께 받은 그 돈을 십일조라는 명목으로 상림교회에 헌금했다.

남편은 순진하게도 기도원에 헌금이 많이 들어오는 줄 알고, '이왕 하는 것 열심히 해 보라.'고 했다.

목사도 아닌 사모가

순이 엄마라는 분이 상림리에 땅을 사서 집 짓고 살고 싶다고
오셨다.

얼굴빛이 검고 어두웠다. 순간 '아! 김○자 집사 대신 나를 힘들
게 훈련시킬 분을 하나님이 붙여주시는구나.'라는 생각이 들었다.

시골 동네에 젊은 집사님 한 가정이 얼마나 귀한지. 내 남편
김 목사는 순이네 집을 지을 때, 아예 삽을 들고 '세진 설비' 사장
님과 함께 집 짓는 일을 거들며 매일 출근하다시피 했다. 집을 다
짓고 나서는 뿌듯한 마음에 아예 그 집 거실에 앉아 신문까지 보
고 있다고 했다. 젊은 집사님께서 속으로 싫어하는 줄도 모르고
눈치 없이….

교회 일에도 순이 엄마가 건의하면 얼른 행동을 바꾸는 정도
였다. 나도 순이네가 다른 교회로 옮기지는 않을까 노심초사하며

늘 눈치를 살피며 듣기 좋은 이야기만 하게 되었다. 주안이 사고 나서 병원에 입원한 날 혹시나 순이 엄마가 병원비를 걱정하며 도와주지 못해 미안해할까 봐 묻지도 않는데 내가 먼저 말했다.

서울서 살던 집 전세금을 통장에 넣어 두었으니 그것을 사용하면 되니 걱정 없다며 신경 쓰지 않아도 된다고 했다. 또 친정 동생들 6명이 백만 원을 모아서 보내왔고, 시동생·시아주버님도 2백만 원씩 보태 주셔서 감사하다고 했다.

순이 엄마는 내 이야기를 듣고 하는 말이 충격 그 자체였다. 본인은 주변에서 도와줄 사람도 없다며 비교하는 것이다. 내가 듣고 싶었던 말은 "참 다행입니다. 미성년자로 오토바이 무면허라 의료보험 혜택도 받을 수 없는 상황인데 정말 감사하네요." 이 말이었는데 뭔가 아니다 싶어 섬뜩한 마음이 들었다.

시골교회 사모인 내가 찬송가 반주를 하면서 성가대를 이끌었다. 순이 엄마는 집에 피아노가 있음에도 불구하고 교회에 와서 혼자 피아노를 치며 복음송을 부른다. 그러면 내 아들 주안이는 "자기 집에 피아노가 있는데 왜 교회에 와서 피아노를 치는 거야?"라고 나에게 질문을 한다. 아마도 '나도 사모님만큼은 안되지만, 이 정도 피아노 치는 실력이 있다.'라는 것을 보여 주고 싶었던 모양이다.

비가 오는 어느 금요기도회 날이었다. 김 목사가 몸살이 났다며 나에게 기도회를 인도하라고 했다. 참여한 성도는 오직 한 사람 순이 엄마였다.

순이 엄마는 시어머니께서 갑자기 쓰러지셔서 병원비가 많이 나가고, 남편은 버스운전을 하시는데 안과 질환인 녹내장이 있다고 했었다.

간단히 말씀을 읽고 설교했다. 내가 시어머니를 미워했던 사실을 고백하면서 호산나 기도원에서 회개한 내용을 말하며 기도는 막힌 담을 허는 일부터 시작해야 하고, 미움은 마음으로 저지른 살인죄라는 것을 알려주었다. 이렇게 마음으로 저지른 살인죄는 자신이 인정하고 자백하면 예수의 피가 깨끗하게 씻어주시고 용서받을 수 있다고 전했다.

시어머니에 대한 미움은 예수의 피로 씻고 용서해야 한다고 했더니, 순이 엄마는 목사도 아닌 사모가 자기에게 훈계한다고 하며 받아들이지 못했다. 나는 배운 대로 알려 주었는데, 그분은 말씀을 받아들일 준비가 되어 있지 않은 상태였다. 마음이 상해 돌아가는 얼굴 표정이 심상치가 않았다. 결국, 다음날 옆집에 사시는 이 권사님에게 물어보았더니, '목사도 아닌 사모가 어찌 훈계를 할 수 있느냐?'라며 단단히 화가 났다고 했다.

순이 엄마는 교인들에게 전화해서 이 사람 저 사람의 마음을 흔들어 놓았다. 사태가 심각해져서 교회의 위기를 느꼈다. 낮에는 대학원에 가야 하므로 새벽 3시에 일어나 아브라함에게 버림받고 대성통곡하는 하갈처럼 통곡했다. 그랬더니 성령께서 집사님의 숨은 마음을 알려 주셨다. '회개하라'라는 말에 앙심을 품고 상림교회 성도들을 흩으려는 것이었다. 이미 성도들이 말하는 것을 들어 보니, 사태가 그에게로 기울어졌음을 느꼈다.

방법은 섬김이다. 하여 순이 엄마를 찾아갔다. 과일을 사 가지고 가서 사모인 나를 용서해 달라고 손을 잡았다. 그런데 냉소적인 반응으로 자기네는 인천으로 이사 가려고 집을 내어놓았다고 했다. 그 집은 남편인 김 목사의 피땀 어린 사랑으로 함께 지은 집이었다.

우리 부부가 과거에 '준영이네'를 경제적으로 도와준다는 소문을 들은 '세진설비' 아저씨가 '상림교회 교인 집이니 목사님 부부를 알기에 겨울철 일이 없을 때 자재비와 인건비만 계산하여 저렴한 가격으로 지어 주신 것이었다.

순이네 집을 사려는 분이 나타났지만, 미처 이사 가야 할 집을 구하지 못해서 집을 팔지 못했다. 그리고 며칠 후 순이 엄마는 공장에서 프레스 기계를 다루다 손가락을 다쳤다. 손가락 5개가 눌

려서 치료했으나 장애를 입었다,

회개 촉구에 앙심을 품었던 그녀가 상해를 입는 것을 보며 죄를 대수롭지 않게 여겨서는 안 된다는 것을 깨닫게 되었다.

거만한 자를 징계하는 자는 도리어 능욕을 받고 악인을
책망하는 자는 도리어 흠이 잡히느니라 거만한 자를 책망
하지 말라 그가 너를 미워할까 두려우니라 지혜 있는 자
를 책망하라 그가 너를 사랑하리라(잠9:7-8)

목사 안수를 받다

온양 권사님을 통하여 말씀하신 성령의 음성에 순종하는 마음으로 기도원 간판을 달고는 있었지만, 내가 뭘 할 줄 아는 것이 없었다. 그러던 차에 어느 날 김 사모님이 나에게 '치유 사역에서 만난 어느 목사님이 예언을 잘하신다.'라며 함께 가자고 제안했다. 기도원 운영을 어떻게 해야 할지 막막하던 터라 주저함 없이 사모님과 함께 성수 목사님을 만나러 갔다.

기도원 간판을 걸어 놓은 상태라고 말씀드렸더니 그 목사님께서 하시는 말씀이 '기도 중에 환상이 보이는데 늙은 호박 5개가 보이고 그중 하나가 씨앗이 엄청 많은 것을 보여 주셨어요. 그러니 사모님은 목사안수를 받고 기도원을 운영 하셔야 합니다.'라고 하시며 당신이 오셔서 '복의근원기도원' 창립 예배를 드려준다고 하셨다. 무척 놀라고 기뻐서 눈물이 날 지경이었다. 성수 목사님께서 당신이 소속되어 계시는 '합동개혁' 측에 나를 이끌어 주시고 대전에 있는 교회에서 6명의 사모님과 함께 목사안수를 받도록 해 주셨다.

하지만 남편 김 목사의 의중은 달랐다. 한 가정에 목사는 오직 한 명, 당신만으로 족하다며 만류했다. 합동 측에서는 여자 목사를 인정하지 않기에 내 남편도 사모인 내가 목사안수를 받는 것에 찬성하지 않았다. 합동 측 동서울노회 목사님들의 눈치를 보느라고 말이다. 그리하여 내가 목사 안수를 받던 날, 남편은 끝내 중국 황산으로 여행을 가버렸다. 순이 엄마 사건으로 인해 목사 안수를 받아야겠다는 결심이 굳혀졌다. 사모는 성도들에게 영적 권위를 인정받지 못하는 교회 분위기를 실감했다. 하나님의 은혜로 시댁 식구들·친정 식구들 모두 대전까지 오셔서 목사 안수를 축하해 주셨다.

목사로 안수받은 일이 얼마나 귀하고 소중한 것인지 깨달았다. 목사 안수식을 한 후 친정집에 갔더니 작은어머니께서 나를 보고 "얼굴에 빛이 난다."고 말씀하신다. 목사는 하나님께서 부르시고 구별하여 세우시고 하나님께 바쳐진 삶이라는 것을 깨달았다.

임직 축하금은 기도원 1년 운영비로 사용하게 되었다. 하지만 경험이 부족해서인지 1년 동안 기도원 간판만 붙여 놓고 제대로 사역하지 못해 시설비와 월세를 합하여 3백만 원 정도를 허비했다. 1년 뒤, 기도원을 찾는 사람이 없어서 결국 간판을 내렸다.

남편은 아쉬워했다. 내심 내가 잘 해내기를 기대했나 보다.

신대원 입학

　상림교회와 그리 멀지 않은 곳에 계약신학대학원이 있기에 다시 공부해야겠다고 마음먹었다. 대학원 과정에 학생 전원 교단 장학금으로 운영한다기에 원서를 내고 면접을 보는데, 여자 목사를 인정하지 않는 고신 측 교단에 속한 신대원이기에 이미 목사안수받은 사람은 학생으로 받을 수 없다고 했다. 면접관에게 당당하게 말했다.

　"난 굳이 목사가 되지 않아도 돼요. 내 남편이 목사이니까요. 그러나 하나님께서 쓰시려고 합니다. 내 남편도 장로교 합동 측 교단 목사입니다. 남자만 목사가 되어야 한다고 주장하는 교단에 소속되어 여자 목사를 인정하지 않습니다. 그런 반대를 무릅쓰고 목사가 된 나에게는 특별한 사연이 있습니다. 만약 교수님이 나를 학생으로 받아 주시지 않아서, 내가 진리가 아닌 곳에 가서 배워서 비진리를 가르친다면 어떻게 하시겠습니까? 나머지 몫은 목사님께서 책임지십시오."

그 교수는 잠시 생각을 하시더니 남편이 장로회 합동 교단이기에 받아 준다고 하며 내가 공부하도록 배려해 주셨다.

신학교 4년간은 오롯이 하루에 기도 3시간에 성경 10장을 읽고, 금요일에는 성경 말씀 시험을 보고 전도해야 했다. 외국어는 중국어·영어·일어 중 선택해서 가르쳤다. 헬라어와 히브리어 원어는 맛만 보았다. 그러나 대학원은 수준이 달랐다. 1~2학년 때까지 원어에 치중한다. 헬라어 성경해석과 독해를 하는 것이 기말시험이다. 여자 목사를 인정하지 않는 분위기 속에서 나를 부르는 호칭은 '사모님'으로 통일되었고, 다른 학생에겐 '전도사님'으로 불렸다.

헬라어 독해시간에 교수님이 시험 범위를 알려주셨다. 중간고사 시험공부를 하는 학생들에게 힌트를 주신다더니 '요한복음 3장 위로부터'라고 하셨다. 내 나이는 53세, 도무지 외워지지 않았다. 뒷산에 운동하러 올라가면서 "주님!" 하고 불렀더니 눈물이 났다. 지혜를 달라고 기도하며 시험 기간 책상에 앉아서 3시간 동안 집중하여 그냥 외웠다. 머리에 입력이 되었다.

드디어 시험 날이 되었다. 헬라어 시험시간에 내가 외운 문장이 나왔다. 막힘없이 쭉 써 내려갔고 두 번째로 시험지를 제출하

였다. 내 시험지를 받아 든 교수님이 쭉 훑어보시더니 내 얼굴을 쳐다 보시며

"강 목사님!" 하고 부르셨다.

헉, 나를 부르는 호칭이 달라졌다. '사모님'에서 '목사님'으로 바뀐 것이다.

다른 수업시간에 여성은 목사가 될 수 없다고 단호히 말씀하시는 목사님이 있었다. 함께 공부하던 남학생이 "이미 목사 안수받은 여 목사님은 어떻게 해야 합니까?"라고 질문을 하니 무르면 된다고 하였다. 그래서 난 하나님께 물었다.

"하나님! 목사 취소해도 된다고 무르래요."라고 기도하며 성경을 보는데, '온전히 바쳐진 그 사람은 다시 무르지 못하나니 반드시 죽일지니라(레위기 27장 28~29)'이 말씀으로 응답하셨다. 그뿐만 아니라 구약시대에도 이스라엘의 12사사 중에 여 선지자 '드보라'를 하나님께서 사사로 세우시고 멋지게 쓰셨다(사사기4:4~5:31).

공부하는 분량이 너무 많았다. 학점이 나왔는데 시험성적이 좋은 편이었다. 늘 나를 무시하던 남편이 성적표를 받아보고 한마디 했다.

"당신 나이 때문에 교수들이 성적을 잘 주었나 보다."

"여목사라고 교수들이 나를 무시하는데 그럴 리가요. 순전히 하나님의 은혜로 지혜를 주셔서 이 정도 실력을 발휘한 거랍니다."

전 학년 채플 시간에 피아노 반주를 했다. 이병규 목사님께서 다가오셔서 어느 교회에 다니느냐고 하시기에 내 남편이 상림교회 목사라고 했다. 그 말을 들은 이 목사님은 갑자기 "뭐 너 목사야?" 하시더니, 그날 교수회의를 소집하셨다고 했다.

"누가 여 목사인 줄 알면서 허락했나?"

추궁이 들어가자 일부 교수님들께서

"타 교단에서는 여목사를 다 인정하는데 고신 계약신학교에서 여목사라고 퇴학시키는 건 명분이 좀 그러니 기다려 봅시다. 나이 50세에 공부한다는 것이 그리 아쉬운 일이 아닐 것이고, 이미 목사안수 받았는데 굳이 힘들게 끝까지 공부에 매진하겠습니까?"

늦은 나이인데, 교회 사역과 집안일과 함께 공부 분량이 많아 아마도 스스로 자퇴할 수도 있으니 그냥 두자고 했단다. 이런 상황에서 끝까지 공부를 마칠 수 있었던 것은 그토록 반대하던 남편의 도움 덕이었다.

남편은 나에게 한 가지를 제안했다. 매일 아침 학교에 갈지라도 남편 밥상 차려줄 때 반찬을 신경 써 주면 리포트 쓰는 데 도움을 주겠다고 했다. 나도 좋다고 하며 남편의 제안을 받아들였다.

히브리어 중간 시험날 아침, 김밥이 먹고 싶다며 김밥을 싸 달라고 했다.

밤새워 외웠기에 시험을 잘 볼 줄 알았다. 그런데 막상 시험지를 받고 보니 눈앞이 캄캄했다. 히브리어 시험은 엉망이 되었다. 누군가가 50대 공부는 20대처럼 한두 번 읽어봐서 되지 않으니 몇 배로 시간을 투자해야 하는 거라고 했다.

시어머니의 병

시어머니께서 치매 진단을 받으셨다.

언제부턴지 기억력이 희미해진다고 하시며 '오늘이 며칠이냐? 김 목사는 어디 갔냐?' 같은 질문을 여러 번 하셨다.

시어머니는 동서를 예뻐하셨다.

말소리도 고분고분 순종적인 데다, 광주에 사시는 이모님이 소개해서 흔쾌히 며느리로 맞아들이셨다. 동서는 피아노를 전문적으로 배우고 중학교 음악 선생님이었다. 광주 이모님 셋째 아들 성악가 반주자로 돕고 있었다. 어머니께서는 그전부터 마음에 쏙 드는 며느리와 함께 사시겠다고 입버릇처럼 말씀하셨다. 큰며느리랑 7년을 한집에 살다 보니 서로 맞지 않기에, 둘째 며느리 얻어서 처음부터 길을 잘 들여서 사시겠다고 하시며 둘째 아들 결혼시키자마자 신혼 시절부터 며느리와 3년을 함께 사셨다. 그러던 어느날, 시동생네가 어머니 곁을 떠나 분가해서 회사 근처로 이사를 나갔다고 하시며 매우 섭섭해하셨다.

시어머니께서는 둘째 며느리랑 함께 사시는 것이 소원이셨는데 동서와 채무 관계로 동서의 마음이 닫힌 상태여서 더 이상은 어머니랑 함께 살 수 없다고 한다. 동서가 모셔갈 생각을 하지 않자 혼자 생활하실 자신이 없어서 나에게로 오시겠다고 했다.
"어머니! 저랑 같이 사시려면 회개부터 하셔야 해요."
선택의 여지가 없었던 어머니는 그러자고 하셨다. 시어머니께서 회개하실 시간이 된 것이다.

어머니는 6개월 전 허리에 담이 생겨서 자유롭게 돌아눕지도 못하셨다. 앉고 일어서는데도 몹시 불편하셔서 '아이코!' 앓는 소리를 내셨다. 병원에 모시고 갔더니 '신경을 많이 써서 그러니 마음을 편히 가지라'고 하며 약도 없다고 했다.
"주안 애미야! 다른 사람들은 기도해주면서 나는 왜 기도 안 해 주냐? 나도 기도해주라." 하셨다.
나는 속으로 아주 좋아하며
"어머니! 그럼 회개 기도부터 하셔야 합니다. 회개는 죄를 토설해야 하는데, 괜찮으시겠어요?"
괜찮다고 하셨다. 너무 통증이 심해서 고통스러워하시며 빨리,

기도해 달라고 하셨다.

시어머니의 회개하신 내용이다.

"큰며느리가 내 아들을 빼앗아 가서 몹시 미워했습니다."

형제를 미워하는 자는 살인하는 자니 그 속에는 영생이 없다 (요일3:15). "큰며느리에 대한 미움의 살인죄를 예수님의 피로 씻습니다."

36년 동안 얼마나 미워했는지, 머리 정수리에서부터 허리까지 미움이 가득 숨어있었다. 나는 죄를 알려 주고 어머니는 '아멘!' 하며 토설하시는데, 기도해주던 내가 억울하게 당했던 과거의 기억이 떠올라 감정을 추스를 수가 없었다.

시어머니를 위해 기도해주며 나도 펑펑 울었다. 도리어 내 상처를 쏟아내고 있는 형국이 되었다. 시어머니는 내 손을 잡고 "나를 용서해 주라. 미안하다." 하셨다. 그렇게 세 시간 동안, 과거에 나를 힘들게 한 사건을 이야기하며 눈물로 회개하셨다. 시어머니의 허리가 부드러워졌다. 자유롭게 움직일 수 있다 하시며 기도를 더 하라고 하셨다. 나는 감정을 많이 소모했기에 더는 힘들어서 할 수 없으니 다음에 하자고 했다.

시어머니의 회개

장사하셨던 시어머니는 돈에 대해 철저하지 못하셨다. 돈이 급할 때마다 '금방 갚겠다.'라고 하며, 가까운 사람들에게 돈을 빌려다 쓰고는 갚지 않았다고 한다. 나는 시어머니께, 아무리 형제자매라 하더라도 빌린 돈은 반드시 갚아야 한다. 그렇지 않으면 사기죄에 해당한다(롬1:29)고 했더니, 그것만은 인정할 수 없다고 하셨다. 내 여동생들은 지금 나보다 더 잘 살기에, 3백만 원 그 정도는 갚지 않아도 된다고 일방적으로 생각하셨다. 나도 더는 어머니께서 회개할 죄를 알려드릴 수가 없었다.

치매가 더 심해지기 전에 전라도 광주에서 이모님들이 올라오셨다. 시어머니께 돈을 빌려준 이모님은 40년 전 시어머니께서 써주시고 돈을 가져가셨다면서 지금까지 보관하고 계신 차용증을 내 남편 앞에 내어놓으셨다.

이모님은 40년 전, 급하다고 애원하는 언니에게 주변에서 돈을 빌려다 주셨다. 하지만 시어머님은 장사가 어렵다는 핑계로 차일 피일 미루며 돈을 갚지 않자, 이모님께서 빚 독촉하는 이웃들에게 몇 푼씩 갚느라 엄청나게 고생하셨다고 한다. 그때 일로 이모님은 지금도 남편에게 생활비를 타서 쓰고 계신다고 하셨다.

그날 밤, 세 자매가 한방에서 잠을 자다가, 시어머니께서 한밤 중에 일어나 이모들을 못 알아보고서 "아줌마 누구세요? 내 아들에게 데려다주세요." 하셨단다. 그 모습을 본 이모님은, 치매에 걸린 시어머니께 차마 그 차용증을 보여 주지 못하시고 내 남편 앞에서 찢어 버리셨다. 언니의 빚을 탕감해 준 것이었다.

1년이 지난 후 시어머니께서 화장실에서 나오시다가 넘어지셨다. 손목 골절과 골반에 금이 갔다. 치료차 병원에 입원해 계셨다. 1년 동안 치료는 끝났으나 기억력이 더 감퇴되셨다. 몸도 많이 쇠약해지셨다. 어느 날 병원에서 장염인 것 같다고 하며 큰 병원으로 모시고 가라고 했다.

분당차병원에서 '전파성 장염'이라면서 보험이 적용되는 1인실로 격리시켰다. 며칠 후 병원 측에서 시어머니께서 소천하실 것 같다면서 오후 2시에 가족들이 모여서 임종을 지켜보라고 했다.

호흡과 심장박동수가 내려갔다가도 시동생이 와서 '어머니!' 부르면 눈을 번쩍 뜨고 일어나시려고 머리를 살짝 드셨다. 두 번이나 가족이 모였어도 숨을 거두지 않자, 간호사가 미안했는지

"이 어르신은 정신력이 좋아서 쉽게 돌아가시지 않는다."라고 했다.

나는 그 말을 듣는 순간 머리에 스쳐 지나가는 것이 있었다.

"아- 회개! 더하셔야지!"

'사기죄'라는 말을 인정하시지 못해서 회개를 멈춘 것이 생각났다. 시어머니의 얼굴빛이 어둡다. 몹시 힘들어하셨다.

"어머니 회개하실래요?"

시어머니는 고개를 끄떡이셨다.

"산소 호흡기를 쓰셔서 말로는 따라 할 수 없으니 듣고 인정이 되면 아멘! 하세요."

고개를 끄덕이셨다.

때마침 동서가 왔다. 시어머니 침상 옆에서 앉아 함께 손잡고 기도했다.

"어머니! 신음 소리를 내세요. 통변을 통해 죄를 자백합시다."

산소 호흡기를 쓰신 어머니는 눈을 껌벅이며 소통했다.

"속으로 아멘! 하세요."

투명한 산소 호흡기이기에 입 모양을 눈으로 확인할 수가 있었다. 아멘! 하신다.

"나는 사기 죄인입니다. 아멘!" 또 연달아서 "나의 신은 아들입니다."

고백하시기에 나는 깜짝 놀랐다. 우상숭배 죄였다.

시어머님은 그동안 예수님을 의지한 것이 아니라, 혼자 되시면서부터 둘째 아들을 의지하고 사신 것이다.

영접 기도를 시켰다.

"예수님이 나의 주인입니다. 아들을 우상 삼아 살아온 것 예수의 피로 씻어주세요."

그다음 마음에 숨은 죄를 토설하셨다.

"나에게 어린 두 자녀를 맡겨 두고 홀로 키우게 하며 먼저 하늘나라 간 내 남편이 원망스럽고 용서되지 않았습니다. 남편을 예수 이름으로 용서합니다. 나도 용서합니다. 큰아들이 남편을 많이 닮아서 남편에 대한 원망이 들 때마다 큰아들에게 분풀이했습니다. 큰며느리를 평생 미워했습니다."

삐이- 하는 소리와 함께 어머니의 심장 박동기가 멈추었다.

나는 큰 소리로 시어머니를 부르며 외쳤다.

"어머니! 큰며느리 좀 사랑해 주시지요!"

네가 어찌하여 네 형제를 비판하느냐 어찌하여 내 형제를 업신여기느냐 우리가 다 하나님의 심판대 앞에 서리라 기록되었으되 주께서 이르시되 내가 살았노니 모든 무릎이 내게 꿇을 것이요 모든 혀가 하나님께 자백하리라 하였느니라 이러므로 우리 각 사람이 자기 일을 하나님께 직고 하리라(롬14:10-12)

가끔 내담자들이 이런 질문을 한다.

"사기 치고 돈을 갚지 않고도 용서받을 수 있나요?"

시어머니의 경우는 요양병원에 입원해 계신 중에 이모님께서 병문안을 오셨다가 치매에 걸려서 동생들을 몰라볼 정도로 기억력이 저하된 것을 보시고 "이제 돈 받기는 힘들겠구나!" 하시며 차용증을 찢으시고 하룻밤 묵어가셨기에, 이 땅에서 빚을 탕감받았다고 본다.

김 목사의 회개

내 남편은 자다가 일어나 한 번씩 집안을 돌아보며 창문을 단속하는 습관이 있다.

다섯 살 때, 간경화를 앓고 계시던 아버지께서 돌아가셨다는 말을 어머니에게서 듣는 순간 두려운 마음이 들어왔다. 그때부터 불안하여 문단속을 제대로 했는지 다시 확인하는 습관이 생겼다고 한다.

어느 날은 무서워서 엄마 품에 안겼는데, 엄마는 '형이니까' 하며 자기를 옆에 앉히고 동생을 안아 주셨단다. 그 순간 '난 싫어하고 동생만 사랑한다는 섭섭한 마음이 들었다.'라고 한다.

자라면서도 어머니께서는 늘 공부 잘하는 동생과 자신을 비교하시면서 야단치시곤 하셨다고 한다. 가끔 혼이 날 때도 어머니에 대한 미운 마음이 생기는 동시에 복수심이 생겨나서 '어머니의 돈을 다 빼앗아 써야겠다.'라고 결심했다고 한다. '돈은 일단 쓰는 자가 임자다. 쓴 만큼만 내 돈이라'는 생각에, 지금도 매일 커피 한 잔이라도 무엇이든 손에 들고 들어온다.

'세 살 버릇이 여든 살까지 간다'라는 속담처럼 결혼하고 목사가 된 후에도 돈 관리를 제대로 할 능력이 없어서 결국은 돈의 올무에 걸려 카드빚을 졌다. 하여 카드 대금을 갚기 위해 취업을 했다.

우리는 사고나 질병이나 경제적 문제가 생겼을 경우, 즉시 자신의 죄를 찾아서 회개를 시작하면 문제가 해결된다. 사람마다 말씀을 아는 만큼의 영적 깊이나 넓이의 신앙 정도가 다 다르다. 성도들은 대부분 얕은 물가에서 논다. 예수님께서는 깊은 데로 가서 그물을 내리라고 말씀하셨다. 우리의 마음속 깊은 곳까지 회개하기 원하신다.

성도들은 "회개하라 천국이 가까왔느니라."라는 예수님의 말씀대로 회개하고 싶어 한다. 그러나 죄가 무엇인지 잘 모른다.

죄란? 하나님의 계명을 거역하고 말씀대로 살지 못한 것이다. 즉 '마음과 뜻과 정성을 다하고 목숨을 다해 하나님만 섬기고, 또 네 이웃을 네 몸과 같이 사랑하라'고 하셨는데 사랑하지 못하고 미워한 것들이다. 신경질 내고, 짜증 내고, 불평하고, 불만하고, 비판하고, 판단하고, 무시하고, 멸시하고, 억울하고, 분하고, 악하고, 독하고, 교만하고, 자만하고, 자랑하고, 우쭐하고, 오만하고…
이런 감정을 통하여 죄가 마음에 들어온다. 이런 것들이 죄의 통
로다(롬1:28-32,엡4:25-32).

자신의 숨은 마음을 드러내면 대부분 못 받아들인다. 받아들
이는 성도는 10명에 1명 정도이다. 예수께서 10명의 문둥병자를
치유해 주시고 1명만 감사하러 왔을 때, '나머지 9명은 어디 갔느
냐?'며 찾으신 이유를 알 것 같다. 9명은 예수께서 자기들의 죄를
드러내실 때, 자신의 마음속에 숨겨놓은 과거의 죄를 다 알고 계
시는 예수님 앞에 다시는 서고 싶지 않았을 것이다.

악을 행하는 자마다 빛을 미워하여 빛으로 오지 아니하
나니 이는 그 행위가 드러날까 함이요 진리를 따르는 자
는 빛으로 오나니 이는 그 행위가 하나님 안에서 행한 것
임을 나타내려 함이니라(요3:20-1)

때를 얻든지 못 얻든지 전도하며 양육하는 나를 향해 "역시 소
명 받은 자가 하나님의 일을 해야 한다."라고 남편이 고백한다.

남편은 어머니로부터 경제적 공급이 끊어지자 카드사용 금액

을 막지 못해 부채에 시달렸다. 어느 날 한숨을 쉬며 나에게 돈 좀 있냐고 물었다. 나는 몇 년 동안 알뜰하게 모아온 돈이 있기에 갚아 줄 수 있다고 했다. 단, 빚을 갚아 주는 조건은 '회개'였다.

36년 전 부흥회에 참가하고 부흥강사 목사님께 우리 부부가 예언기도를 받았던 기억을 남편에게 상기시켰다. '김 전도사 부부는 나중에 서로 사역을 바꿔서 한다.'라고 하신 말씀이 생각나느냐고 물었더니 즉시 생각난다고 한다. 그래서 지금이 사역을 바꿔서 할 때인 것 같다. 그러니 오늘부터 내가 새벽 강단에 서고, 당신은 청중 자리에 앉아서 서로 바꿔서 예배하자고 했다. 남편은 돈이 너무 급한 관계로 목사의 자존심이고 뭐고, 다 내려놓은 듯 그리하자고 했다.

나는 우선 회개부터 하자고 했다. 남편은 말씀과 방언 통변을 통하여 숨은 마음을 드러냈다.

일찍 돌아가신 아버지께서 자녀에게 부모의 역할을 하지 못한 것에 대한 원망과 본인을 때리고 자존심 상하게 한 어머니에 대한 미움과 군 생활을 할 때 폭력을 가한 상사와 친구 등 지금까지 살아오면서 사람으로 인해 받은 상처가 많았다. 그들을 죽이고 싶도록 미워했던 마음속에 숨어있던 죄를 낱낱이 자백하고 인정하며 예수의 피로 씻고, 예수 이름으로 용서하는 회개를 하였다. 그런데 몇 날이 지나도 회개가 끝이 없자, 일대일로 앉아서 토설하는 것이 너무 힘드니 문자로 회개 내용을 알려주면 혼자서 하겠다고 했다. 그래서 전화 문자로 거의 1년 동안 낱낱이 성령님께 물어서 알려 주었다.

그 후, 남편의 안색이 점점 좋아지며 강단에 서면 얼굴에 윤기가 흘렀다.

여호와께서 자기에게 기름 부음 받은 자를 구원하시는 줄 이제 내가 아노니 그의 오른손의 구원하는 힘으로 그의 거룩한 하늘에서 그에게 응답하시리로다(시19:6)

부모를 공경하라

　홀어머니 슬하에서 두 아들이 함께 성장했다.

　큰아들은 내 남편이요. 작은아들은 시동생이다. 내 남편은 유년기에 용돈을 받으면 즉시 가게에 가서 필요한 간식을 샀다고 한다. 돈은 쓰는 것만큼 내 것이 된다는 사고를 지녔다. 반면 시동생은 용돈을 손에 쥐고 있다가 형에게 빼앗기기도 하고, 또는 모았다가 어머니의 생신날 선물을 사드렸다고 한다.

　형제가 똑같이 어머니께 야단을 맞았는데, 형인 내 남편은 복수심이 생겨서 '나는 엄마가 돈을 벌면 다 가져다 쓸 거야.'라고 다짐했다고 한다. 그러나 동생은 어머니가 불쌍해서 늘 입버릇처럼 '엄마! 내가 공부 잘해서 엄마에게 돈 많이 벌어서 드릴게요.'라고 했단다.

　60년이 지난 지금, 시동생은 대기업 'S'에 임원으로 재직하며 경제적으로 부유함을 누리고 산다.

어느 해, 시동생이 회사에서 보너스로 2천만 원을 받았다. 추석에 모여서 이런저런 이야기 끝에 나온 말이었다. "어머니께 2천만 원을 드렸는데 그 돈을 어디에 쓰셨을까요?"라며 질문을 했다. 시동생은 시어머니의 생활비도 대는데, 형은 어머니께 돈을 가져다 쓰는 형국이 되었다.

나는 시동생에게 교회 장판이 낡아서 새로 교체했으면 하는데 보너스 2천만 원 받았으니 2백만 원만 헌금해줄 수 있겠느냐고 넌지시 말했다. 그런데 아무런 대답도 없이 홀쩍 자리를 떠나버렸다. 나는 자존심을 다 내려놓고 이야기했는데 그냥 가다니 정말 섭섭한 생각이 들었다. 너무 억울하고 자존심이 상해서 예배당에 가서 "하나님! 억울해요. 속상해요."했더니 하나님의 음성이 들려왔다.

"내가 너의 하나님이다."

순간 시동생의 도움을 기대하지 말라는 이야기구나 하고 깨달았다.

한참이 지난 어느 날 인천에서 집 리모델링을 하시는 양 집사님께서 전화를 주셨다. 집사님의 아내가 '상림교회 장판을 다시 교체해야 한다.'라며 '우리가 비용을 대고 교체해 주자'고 했단다.

며칠 후 인부와 장판을 보내서 아주 깨끗하게 교체해 주고 갔다. 그 후 동생이 승진하며 경제적 부유함을 누려도, '시골에서 하나 밖에 없는 형님이 스무 명 내외의 성도들을 데리고 목회하며 경제적 어려움을 겪는데 좀 도와주지 않나?'하는 기대를 내려놓았다.

어느 날 쌀이 떨어져서 쌀독을 비우고 있는데, "너는 사르밧 과부다."라는 음성이 들렸다. 동시에 전화벨이 울려 받아보니 친정어머니의 목소리였다. 막냇동생이 서울 올라가는 길에 쌀 한 가마니 보낸다고 하셨다.

땅에서 잘 되고 장수하고 싶은 마음을 누구나 가지고 있다. 부르짖고 구한다고 다 잘 되는 것이 아니다. 진정한 마음으로 부모에게 순종하는 자는 땅에서 잘 되는 복을 받는다는 것을 경험했다. 그래서 어릴 때 부모님으로부터 받은 마음의 상처를 인정하고 미워하는 마음을 예수 피로 씻고, 사랑으로 변화되어야만 영혼이 잘됨같이 범사가 잘된다.

부요함과 가난함

나는 교회 성가대의 엘토 파트를 맡았었다. 어느 주일 내 옆자리에 앉은 자매님이 헌금 봉투에 돈을 넣는 것을 보고 물었다.

"헌금은 헌금 시간에 헌금 바구니에 넣는 것이 보통인데, 이 자매님은 왜 봉투에 따로 넣어요?"

십일조라고 했다. 하나님의 것은 따로 구별하여 드려야 한다고 하기에 나도 따라서 했다. 나는 십분의 일보다 더했다. 십일조를 넉넉히 하는 것만큼 경제적으로 채워져서 매우 재미있었다.

어느 날 『십일조는 율법이다』라는 책이 출간되었다기에 읽어 보았다. 대략의 내용은 음식에 관한 규례를 폐지한 것처럼 십일조도 율법이기에 폐지되었으니 하지 않아도 된다는 것이었다.

십일조에 대한 혼돈이 생길 상황쯤에 호산나 원장 전도사님을 만나서 십일조에 대한 하나님의 관여하심을 체험하게 되었다.

하루는 전도사님께서 기도해주시면서 "사모님. 십일조 하지 않은 것이 있네!" 하신다. 나는 "없는데요. 남편의 사례비로 생활하는데, 남편이 십일조 한 다음 나머지를 생활비로 주기 때문에, 제가 십일조를 따로 할 게 없는데요."했더니 혹시 요근래 현금 들어온 것이 없느냐고 물으신다. 나는 잠시 생각하니 얼마 전 현대 백화점 상품권 십만 원짜리를 선물로 받아서 물건 사고 나머지 거스름돈 삼만오천 원을 현금으로 받은 것이 기억나서 전도사님께 말씀드렸다.

"거봐라 수입이 생겼지? 그 돈에서도 십일조를 해야 하는 거다. 모든 수입은 적은 것이라도 철저히 해야 한다."

전도사님이 당신 남편 사례를 말씀하셨다.

남편이 평소에 쌀을 가지고 직장에 가서 밥을 지어 먹는데, 하루는 쌀 봉지가 터져서 밥을 해 먹지 못했다고 하시고는 짜증을 내길래 하나님께 물어보셨단다.

"하나님! 왜 영감 밥을 굶기셨나요?"라고 물었더니 "십일조다" 하셔서 "영감! 하나님께서 십일조라고 하시는데 무슨 돈이 들어왔나요?"라고 말했더니, 그분은 "당신이 돈 관리 다 하는데 돈은 무슨 돈?"하시더니 잠시 생각이 나셨는지

"땅에서 오십 원 주웠는데 그것도 십일조에 걸리나?" 하셨단다.

나는 하마터면 『십일조는 율법이다』라는 책 내용에 속을 뻔했다. 전도사님을 통해 십일조에 대한 지적을 받고 신앙 체험을 한 것이 도움이 되었다.

또 한번은 주안이 7세 때쯤, 우리 교회 박 집사님의 차를 잠깐 빌려서 김 목사가 사용하는데, 차에서 혼자 놀던 주안이가 사이드 브레이크를 내려놓는 바람에 차가 미끄러져 언덕에 부딪히는 사고를 냈다.

호산나 전도사님께 사고 경위를 이야기했다. 전도사님은 잠시 기도하시더니 "주안이 십일조에 걸렸다." 하신다. 나는 그럴 리가 없다 했더니, 김 목사가 주안이 몫으로 들어온 돈에 걸렸다고 한다. 나중에 알고 보니 큰집에 주안이를 데리고 인사 갔을 때 큰집 형님이 만 원을 용돈으로 주었는데 집으로 돌아오는 길에 주유소에서 휘발유를 넣고선 십일조는 생각하지 못했다고 했다.

언젠가 전도사님이 나에게 신앙 간증을 해보라고 하신다. 난 십일조만 철저히 해도 경제적 고통은 겪지 않는다는 것을, 삶을 통해 체험했다고 간증하며 지금도 베풀고 나눌지언정 꾸지 않는 복을 주셨다고 간증했다. 전도사님은 십일조의 축복이라고 말씀하셨다.

전도사님께서 나를 위해 기도하는데 하나님께서 '이는 부요한

자'라고 하신다고 하셨다. 영적 부요함의 근원은 온전한 십일조와 구제·헌신 등임을 말씀하셨다.

어느 날 윤 집사 부인과 호산나 기도원에 함께 예배드리러 갔다. 전도사님께서 그를 위해 기도하시더니, 하나님께서 '이는 가난한 자'라고 말씀하신다고 한다. 그 집 내력은 시어머님이 무당이고 아들은 엄청 심한 아토피로 고생하고, 부부는 성이 맞지 않아서 각자가 밖에서 알아서 푼다고 한다.

얼마 후, 그 집사님네는 죄를 알려주고 나니 부끄러워서인지 멀리 이사를 하고 교회를 떠났다.

죄를 지적받았을 때, 즉시 회개하고 말씀대로 믿음으로 순종하고 영육 간에 부요함을 누리는 자도 있고, 교회 생활은 하지만 어떤 것이 죄인 줄도 알지 못하고 하나님의 것인 '십일조'를 도적질하는 자는 영육 간의 가난함에서 벗어나지 못한다는 사실을 확실히 체험했다.

4부

보혈의
능력으로

호산나와 결별하다

'호산나기도원'의 원장 전도사님은 신학을 하지 않으셨다. 청계산에서 텐트 치고 100일 기도를 하시는데, 87일째 되던 날 하나님의 음성이 들렸다고 한다.

"경술아! 너에게 어떤 은사를 줄꼬?"

"사람의 마음을 알아내는 것이요."

병을 고치는 신유의 은사는 고침을 받아도, 다시 죄를 짓고 인생을 잘못 살면 병이 재발하는 경우가 허다하다. 무엇보다 사람이 한번 죽는 것은 정한 이치이다. 그러므로 자신은 선지자 나단이 다윗의 죄를 드러냈듯이, 고전14:24의 말씀처럼 사람의 숨은 마음을 드러내서 회개시키는 은사를 원하였다고 한다.

그렇게 죄를 지적하다 보면 10명 중 1명만이 자신의 죄에 대해 '어찌할꼬?' 가슴을 치며 민감하게 받는다고 한다. 나머지 9명은 자기의 죄를 심드렁하게 여기고 오히려 자존심 상해하며, 가까이 하는 자가 많지 않다고 한다.

거만한 자를 징계하는 자는 도리어 능욕을 받고 악인을 책망하는 자는 도리어 흠이 잡히느니라 거만한 자를 책망하지 말라 그가 너를 미워할까 두려우니라 지혜 있는 자를 책망하라 그가 너를 사랑하리라(잠언 9:7~8)

더군다나 원장님은 기도를 받으러 오는 성도들에게 '십일조 헌금은 본교회에다 하고, 기도원에는 감사헌금만 하라'고 하신 분이었다. 그러다 보니 기도원은 늘 재정적으로 여유가 없었다.

어느 날, 같이 기도하던 이 권사님이 원장님께 제안을 했다. 기도원보다 교회를 하면 사람들이 많이 모일 것이니 교회를 하자며, 당신이 가지고 있는 분당의 아파트를 팔아서 1억 원을 헌금했다. 그런 과정을 지켜보던 나는 총신대를 나온 남편의 영향이랄까? 상식적으로 말이 안 된다는 생각이 들었다. 그래서 권사님께 "신학 공부도 하지 않으신 전도사님이 어떻게 교회를 하느냐?"고 했다.

이 권사님을 통해 내 말을 전해 들은 원장님께서 화가 나신 모양이었다. 밤에 전화하셔서 대뜸 하시는 말씀이 '이제 기도원을 안 하고 교회를 하니 그만 오라'는 거였다. 지난 5년간 나를 무척 사랑하시던 원장님께서 아주 많이 섭섭하셨던 모양이다.

이런 모양으로 헤어짐은 두고두고 내 마음이 편치 않았다. 얼마 후 어느 목사님의 설교에서 '과거의 삶들은 잊고, 현재에 만나는 사람들과의 교제에 집중하라.'는 말씀을 듣고 나니 마음이 안정되었다.

어느 날, 이 전도사님이 산본에서 은사집회를 하는 목사님이 계시다며 소개해 주셨다. 김 사모님이랑 함께 갔다. 예배가 시작되자 김○숙 목사님이 강대상으로 올라오시는데 갑자기 성령님의 음성이 들려 왔다.

"너도 저렇게 해야 한다."

23살, 한얼산기도원에서 들었던 음성과 같았다.

예배를 마친 후 돌아오는 길에 김 사모님이랑 함께 대화를 나누었다. 김 목사님이 강대상에 올라서는 순간 사모님의 영안이 열렸는데, 강대상으로부터 은줄이 자기 앞으로 내려오더니 갑자기 옆에 앉은 나에게로 향했다는 것이다. 같은 시간에 나는 하나님

음성으로, 김 사모님은 환상으로 임하신 성령님의 역사가 신기하기도 했다.

하나님은 목사라는 직분이 아직도 어색한 나를 사역자로 세우시고자, 그런 방법으로 알려주신 것이었다. 하나님께서 나를 목사로, 은사 사역을 하게 하시려고 김○숙 목사님의 은사 사역 현장을 보여 주셨다.

화요 치유 예배 시작

호산나기도원 원장 전도사님께서 돌아가셨다.

73세에 무리하셔서 쓰러지신 뒤, 3개월 만이라고 했다. 8월에 장례를 치르고, 내 나이 53세에 신대원 졸업을 앞둔 마지막 학기가 시작되는 9월이었다. 황 권사님께서 매주 화요일을 정해서 예배를 드리면 사람들을 불러 모아오겠다고 했다.

실어증 증세인 6학년 된 남자아이를 소개받았다. 그 아이는 말을 하지 않았다. 예배시간에 '네 부모를 공경하라 그리하면 네가 땅에서 잘되고 장수한다. (엡 6:2~3)'의 본문으로 말씀을 전했다. 아이에게서 반응이 보였다. 말은 하지 않았지만, 눈으로 말을 했다. 이후에 기도시간이었다.

"하나님 이 아이를 어떻게 해요?"라고 묻자 성령께서 "방언"이라고 응답하셨다. 또 하나님께 물었다.

"방언이 뭐예요?"

"옹알이 기도."

"어떻게 해요?"

"랄랄랄라."

그 순간 내게 처음 방언이 임했을 때, 기도하려고 눈을 감고 말을 하려고 하면 '랄랄라'가 나왔던 기억이 났다. 그래서 또 질문했다.

"랄랄라가 뭐지요?" 할렐루야의 준말이라는 깨달음이 왔다. 세계만민의 공통어인 두 단어는 '할렐루야'와 '아멘'이다.

나는 그 아이에게 "영으로 기도해 볼래?"라고 말했더니 기침을 하면서 입이 열렸다.

이 아이의 아버지는 늘 어린 아들에게 '훌륭한 사람이 돼야 한다'고 훈계를 하시는데, 아이는 자신을 아무리 살펴보아도 훌륭하게 될 자신이 없어서 아버지로부터 마음을 닫게 되었단다.

성령께서 나에게 그 아이의 마음을 읽을 수 있도록 하셨다. 영의 기도를 알게 해 주셨다. 사람 속에 숨어있는 마음을 알게 해 주신 것이었다. 신음 소리만 내어도 무슨 내용인지 알게 되고 내 입으로 말을 했다. 통변과 예언의 은사를 사용하게 된 것이다. 나 자신도 감격했다. 호산나 전도사님이 하시던 은사를 지금 내가 사용하게 된 것이다. 어쩌면 하나님의 역사가 이렇게 연결되는지 놀라웠다.

소문

구 집사님에게서 전화가 왔다. 자기 집에 가사일 도우러 오신 분에게 전화로 죄를 회개하는 방법을 알려 줄 수 있는지 물었다. 그것이 내 사명인지라, 성령께 물어서 회개 내용을 알려 주었다. 그분의 외손녀가 '모야모야병'이란다. 무슨 이유인지 원인을 알 수 없다는 뜻이라고 했다. 인천에서 살고 있는데, 가까운 곳에서 치유 사역하시는 목사님께로 한 주에 한 번씩 기도 모임에 다녔다고 한다. 그분이 그곳에 가서 '마음속에 숨은 죄'를 알려주는 목사가 있다고 나에 대하여 소문을 냈다.

어느 날 도 집사님이란 분이 그곳에서 사역하시던 이 전도사에게 나를 소개받고 전화로 심방을 부탁했다. 무슨 문제로 나를 보자고 하는지도 모른 채, 그저 회개만 알려주어야겠다는 마음으로 그 집을 방문했다. 인사를 나누고 서로 마주 앉았다. 도 집사님이 몸살이 나서 방에서 쉬고 있다는 남편을 나오라고 부르셨다.

나를 보시는 도 집사님 남편의 표정이 '젊은 여자 목사가 뭘 할까?'하는 것 같았다. 내가 호산나 전도사님을 통하여 회개한 후 응답받은 사건을 말하자 즉시, 예배를 드리자고 하셨다. 나는 회개에 대한 성경 구절을 알려 주고 돌아왔다.

> 만일 우리가 하나님과 사귐이 있다 하고 어두운 가운데 행하면 거짓말을 하고 진리를 행치 아니함이거니와 저가 빛 가운데 계신 것 같이 우리도 빛 가운데 행하면 우리가 서로 사귐이 있고 그 아들 예수의 피가 우리를 모든 죄에서 깨끗하게 하실 것이요. 만일 우리가 죄 없다 하면 스스로 속이고 또 진리가 우리 속에 있지 아니할 것이요. 만일 우리가 우리 죄를 자백하면 저는 미쁘시고 의로우사 우리 죄를 사하시며 모든 불의에서 우리를 깨끗케 하실 것이요.
>
> (요일1:7-9)

일주일 뒤, 한 번 더 심방을 부탁했다. 두 번째 방문 때는 사업의 문제가 해결되었다고 나에게 이야기하셨다. 친구와 서로 사업 문제로 다투고 있었는데, 내가 일러준 대로 회개를 한 후, 회사에서 도 집사님 남편의 손을 들어 주어서 회사 일이 잘 해결되었다고 한다. 이후로 불신자인 남편이 새벽기도에 나가고 주일성수도 한다고 즐거워하셨다.

이 집사님

처음 보는 중년 여자분이 예배를 드리러 오셨다.

찬송을 몇 곡 부르고 설교를 시작하려는데, 예배를 드리러 처음 오신 분이 슬슬 졸음이 오는 듯 눈을 감았다. 헌금을 올린 봉투를 보니 이○○ 집사님이었다. 직감으로 고민거리가 있어 밤잠을 설친다는 생각이 들었다.

육신의 정욕과 안목의 정욕과 이생의 자랑에 대한 말씀을 전하다가 간략하게 마무리하고 그분을 개인적으로 상담실로 들어오라고 했다. 그리고 질문을 던졌다.

"돈 빌려주고 못 받았어요?"

"어떻게 알았어요?"

"밤잠 설치는 이유는 거의 다 경제적 갈등이지요!"

이 집사님은 놀라워하면서 또 질문했다.

"우리 큰딸의 기도 좀 해 보세요." 하기에 성령님께 물었더니

"그 애는 통장에 돈이 없다."라고 하셨다.

"맞아요. 그 애는 돈 생기면 다 써버려요. 신발이 100켤레가 넘어요."

그러더니 다음날 개인적으로 찾아오시겠다고 했다.

이 집사님은 다른 사람과 함께 토지경매 물건을 사고팔고 하다가 서로 돈 관계가 복잡해져 있었다. 한 10년은 잘해나가다가 얼마 전부터 동업자와 돈 문제에 얽혀버린 것이었다. 원인은 일만 악의 뿌리인 '돈을 사랑함'이었다. 또한, 남편에 대한 미움과 자녀와의 갈등으로 인한 미움 등이었다.

집사님은 내가 죄를 알려준 대로 수긍했다. 그리고 모든 힘든 사건이 자신의 욕심 때문이라는 걸 깨닫고 자기 탓으로 돌리며 회개에 전념했다. 좀 더 깊이 회개할 때마다 여러 건의 토지경매 물건이 한 가지씩 매매 되어서 얽힌 것들이 풀려 나갔다고 했다.

발달장애 아가씨

    23세 영이는 발달장애진단을 받은 아가씨였다. 그녀의 어머니는 오직 딸의 치유와 교육에 전념하셨다. 불교에 몸을 담고 전국의 유명한 사찰을 다 돌아다니며 기도를 했다고 한다. 인사를 할 때도 두 손을 합장하여 "안녕하세요?" 하며 딸에게 인사법을 가르쳤다. 그러다 우리 교회 윤 권사님의 권유로 상림교회에 나오게 되었다. 이후로 6개월간 곤지암에 머물면서 회개한 내용이다.

    영이 엄마는 에세이도 10권 출간하였다고 한다. 이번에는 딸 영이의 이야기를 써 달라는 출판사의 요청을 받았단다. 영이는 책을 더듬더듬 천천히 읽고, 또 베껴 쓰기도 한다. 단지 말을 못 할 뿐이다.

    먼저 그녀의 엄마부터 영접 기도를 시켰다.
    "나는 죄인입니다. 지금까지 내가 주인으로 살았습니다. 예수님! 내 맘에 들어오세요. 나의 주인이 되어 주세요. 우상숭배 한 죄를 예수님의 피로 씻어주시고, 남편을 미워한 마음속의 살인죄도 예수님의 피로 씻어주세요. 남편을 예수 이름으로 용서합니다. 나도 용서합니다."

이렇게 회개기도 하는 법, 용서기도 하는 법을 알려 주었다.

영이 엄마는 영이가 태어난 지 18개월이 되던 즈음, 남편 문제로 외출을 하게 되었다. 시어머니의 손에 아이를 맡기고 외출한 지 얼마 지나지 않아 아이에게 문제가 생겼다고 연락을 받았다. 급히 돌아와 보니, 아이가 경기를 한 것이었다. 시어머니는 우는 아이를 달래보겠다고 위로 들고 흔들다가 떨어뜨려서 그렇다고 하고, 동네 사람은 아이가 놀라서 그렇다고 하기도 했다.

여러 가지 방법을 다 동원해서 치유했는데도 불구하고 23년이 지난 지금도 영이는 말을 하지 못하고 "어버버" 소리만 내었다. 아예 밤잠을 자지 않는 날도 많아 어쩔 수 없이 정신과 약을 먹었다. 남편과도 이혼하게 되었다.

다행히도 영이는 글을 읽을 줄 알기에 문자로 영접 기도와 회개할 내용을 적어 주어 따라 하게 되었다. 어느새 성령께서 두 모녀의 마음에서 영이 자라나게 하셨다. 시키지도 않았는데 본인들이 스스로 3일 금식기도를 하겠다고 했다. 냉장고를 다 비워 놓고 금식을 시작했다. 그런데 금식 이틀째 되던 날 밤에 영이가 혼자 부엌에 나가 밥을 해서, 반찬이 없으니 고추장에 밥을 비벼 먹었단다. 그래서 처음부터 다시 3일 금식기도를 마쳤다. 영이 엄마는 이혼한 남편에 대한 미움을 회개하였고, '용서된 마음'의 상태가 되었다.

영이에게 영의 기도 '랄랄라'를 하라고 하니 따라 하였다. 방언 통변이 되었다.

"아주 무서운 것이 나에게 달려들어서 놀랐다."라는 숨은 마음을 드러냈다.

영이 엄마는 당시 동네 사람들이, '영이가 개한테 놀라서 축 늘어진 것'이라고 했던 말이 생각난다고 했다.

영이는 그때, 개가 왕왕 짖고 달려들어서 놀라는 바람에 두려움의 영이 습격한 것이었다. 그 영들의 정체를 방언으로 드러냈다. 나는 통변을 하며 낱낱이 열거하여 예수의 피로 씻고, 예수 이름으로 명하여 축사했다. 여기서 중요한 것은, 천사들과 사람들은 이름이 있지만, 귀신들은 이름이 없다. 그래서 마귀의 이름이 없으니 하나씩 불러서 내보낼 수가 없다.

영이가 불러들이는 영들의 정체가 있었다. 웃겨주는 친구라 부르는 영이었다. 이 영을 불러들이면 일어나는 현상이 있었다. 혼자서 웃다가 배를 잡고 뒹굴며 웃고 그 영과 함께 놀았다. 소리 지르는 영을 불러들이면 밤새 소리 지르며 뛰어다닌다고 했다. 침대에 묶어 놓으면 어디서 그런 힘이 나오는지 침대를 끌고 다녔다. 영이는 혼자 두면 중얼거리며 그 영들과 같이 놀았다. 그 영들을 친구라고 불렀다.

그런 상황에도 불구하고 그 엄마는 가정교사를 두고 영이에게 외할머니와 함께 지내며 책을 읽고 베껴 쓰게 하였다. 글자는 소리 내어 읽기에 회개는 문자로 써서 읽게 했다.

영이가 옹알이 방언으로 그 정체를 다 드러냈다.

"웃겨주는 친구야, 이제 너랑 놀지 않아. 내 안에서 나가."

"지금까지 저런 영들과 놀았던 것 예수의 피로 씻어주세요."

이렇게 여러 가지 악한 모양으로 드러나는 것들을 하나씩 토설하게 했다. 이제 온순한 여성이 되었다. 집 안 청소와 설거지를 하면서 엄마를 돕는단다.

부흥사 협의회

목사안수를 받고 노회에 가입했다. 노회 회원이던 A 목사님께서 부흥사협회에 나를 소개했다. 양평금식기도원을 빌려서 일주일 동안 한 시간씩 돌아가며 설교했다. 드디어 내가 설교할 시간이 되었다.

> 그러나 다 예언을 하면 믿지 아니하는 자들이나 무식한 자들이 들어와서 모든 사람에게 책망을 들으며 모든 사람에게 판단을 받고 그 마음의 숨은 일이 드러나게 되므로 엎드리어 하나님께 경배하며 하나님이 참으로 너희 가운데 계시다 전파하리라(고전 14:24-25)

사람에게는 숨은 마음이 있다. 그것은 죄다.

> 또 이르시되 사람에게서 나오는 그것이 사람을 더럽게 하느니라 속에서 곧 사람의 마음에서 나오는 것은 악한

생각 곧 음란과 도둑질과 살인과 간음과 탐욕과 악독과
속임과 음탕과 질투와 비방과 교만과 우매함이니 이 모든
악한 것이 다 속에서 나와서 사람을 더럽게 하느니라

(막7:9-23)

하나님께서 나에게 숨은 마음을 드러내는 은사를 주셨다. 방
언과 방언 통변과 예언을 통해서 죄를 드러내어, 인정하고 자백하
고 예수의 피로 씻어 회개하게 한다. 말씀을 전하고 나서 헌금 봉
투를 하나하나 집어 들고 이름을 부르며 회개할 내용을 말해 주
었다. 축도가 끝난 후, 기도 받을 사람은 강단으로 올라오라고 했
더니 여럿이 줄을 섰다. 그중 부흥사 회원인 안○○ 목사님께서
기도해 달라고 하셨다. 하나님께서 안 목사님이 남자 한 분을 많
이 미워한다고 알려 주셨다.

오후 예배를 파한 후에 부흥사 목사님들이 한방에 모였다.
"강사님! 차 한잔하신 후, 우리 목사들도 각각 회개할 내용을
알려주세요."
목사님들이 자신들의 회개 내용을 알려달라고 하셨다. 기도하
다 보니 남자 목사님들은 대부분 어린 시절 아버지에게 훈계받다
가 아버지를 미워한 것이었다. 여자 목사님들은 엄마에 대한 미움

이었다.

대부분 사람은 어린 시절 부모님의 부부싸움을 목격하고, 형제들과의 차별대우와 남과 비교하며 훈계하고 부모님의 비난, 과격한 말 한마디 등으로 마음에 상처 즉 죄를 안고 산다.

기독교 상담은 말씀을 지키지 못한 내용 즉, 마음의 상처를 드러내는 것이다. 그때 답답한 속내를 드러낸다. 성경은 이렇게 마음의 상처를 입히는 것을 어둠의 영·미혹의 영·거짓의 영이라 한다.

그러나 성령이 밝히 말씀하시기를 후일에 어떤 사람들이 믿음에서 떠나 미혹하는 영과 귀신의 가르침을 따르리라 하셨으니 자기 양심이 화인을 맞아서 외식함으로 거짓말 하는 자들이라(딤전 4:2)

죄를 짓는 자는 마귀에게 속하나니 마귀는 처음부터 범죄함이라 하나님의 아들이 나타나신 것은 마귀의 일을 멸하려 함이라(요일 3:8)

죄는, 마귀가 사람의 감정을 통로로 분을 내도록 하여 그 틈을 타고 사람의 마음으로 들어온다. 주로 가정에서 부모로부터 가장 많은 상처(죄)를 입는다. 가장 신뢰하고 사랑하고 사랑받아야 할 관계인 가족끼리 서로에게 상처를 주고, 상처를 안고 살아간다. 그렇다 보니 다른 사람에게는 다 관대하지만 유독 가족끼리 모이면 작은 일에도 발끈하는 경우가 많다. 그렇게 상처에 상처를 더해가며 살다가 돌이킬 수 없는 상황을 만들기도 한다.

그러나 죄는 인정하고 자백한 후, "내 마음속에 있는 미움 예수의 피로 씻어주세요."라고 고백하고 "예수님의 이름으로 용서합니다. 나도 용서합니다." 이렇게 말로 선포한다. 그리하면 상처로 얼룩진 어두운 얼굴이 벗겨지고 밝은 빛으로 드러난다. 성 어거스틴은 참회록에서 2세 때 엄마 젖꼭지를 깨문 것까지도 회개했다고 한다.

그가 빛 가운데 계신 것 같이 우리도 빛 가운데 행하면 우리가 서로 사귐이 있고 그 아들 예수의 피가 우리를 모든 죄에서 깨끗하게 하실 것이요(요한일서 1:7).

그다음 달 모임에 참여한 목사님들의 얼굴에 빛이 났다. '해 같이 빛나네' 찬송가 가사처럼.

동역자

소경이 소경을 인도하면 둘 다 구덩이에 빠진다(마15:14)는 말이 있다.

과거 60~70년대의 목사님들은 성령 충만하시고 특별한 은사로 교회 부흥을 일으키신 분들이시다. 요즈음 목사님들은 부흥사회를 조직하여 예배를 드리러 다닌다. 심지어 지하실에 교회를 개척하여 교회 간판만 있고 성도들이 거의 없어도 부흥사 회원이다.

'되지 못하고 된 줄로 생각하는 자는 스스로 속임이라(갈6:3)'라고 성경 말씀에도 있다. 조급해하지 말고 목회자가 먼저 철저히 회개 되고 말씀을 선포하면 하나님께서 성도들을 붙여주신다.

마음이 청결한 자는 하나님을 볼 것이요 (마5:8)

대부분 사람은 마음을 어떻게 해야 청결하게 하는지를 모른다. 그러므로 온전한 회개가 이루어지지 않은 상태에서 성급하게 하나님의 일을 하고 싶은 마음이 앞서기에 경건의 모양은 있으나 경건의 능력이 부족한 분들이 많다.

하루는 목사님 부부와 혼자되신 남자 목사님·원장님 등 10명 안팎으로 모여서 예배를 시작했다. 설교를 통하여 철저한 회개가 무엇인지를 알려 주었다. 함께 참여한 사모님이 당신의 죄를 토설하였다.

그 부부는 제주도에서 개척하였다가 다시 경기도 안성으로 올라오셔서 개척하였다고 한다. 제주도에서 교회를 개척할 당시 부부싸움한 이야기를 하며 남편에 대한 미움, 시부모님에 대한 미움 등을 자백하였다. 그러자 남편 목사님도 함께 회개하며, 싸울 때 손찌검한 것을 사모님께 사과하고 용서를 구했다. 부부는 그때부터 철저한 회개 메시지를 들고 다니며 전하고 있다.

부천에서 예배 인도를 하는데, 박 목사님이라는 여목사님이 새로 부흥사협회에 가입하셨는지 처음 보는 얼굴이었다. 겨울이라 예배를 마치고 난로 가에 서 있는 박 목사님께 '엄마에 대한 미움이 있으니 성령님께 물어서 회개하셔야 한다.'라고 알려 주었더니 당황해하며 "나요?" 하기에 그렇다고 했다.

그다음 달에 다시 그분을 만났는데 얼굴이 해같이 빛났다. 그리고 자신의 간증을 털어놓았다. 초등학교 2학년 때쯤인가 엄마가 외갓집에 자기를 맡겨 놓고 가끔 찾아오셨는데, 자기를 데리고 가지 않고 혼자 가실 때 엄마가 너무 원망스럽고 미웠다는 것을 찾아내어 회개했다고 한다. 그 후로는 내가 다른 목사님들께 회개에 관한 내용을 알려 주려고 할 때면 옆에서 장단을 맞추어 주셔서 쉽게 사역을 할 수 있게 되었다. 지금도 나를 인정하여 가끔 설교에 초청한다.

암 환자

　내가 속한 부흥사협회에서 집회하는 시간에 '죄의 종류와 회개'에 대해 설교했다. 설교를 마친 후, 안수받을 사람은 강단으로 올라오라고 했더니 10명가량이 올라왔다.

　한 명씩 회개할 부분을 알려 주었는데, 여자분이 목사라면서 남편의 기도를 해달라고 했다. 방광암 수술을 하려고 아산병원에 수술할 날을 잡아 두고 20일 정도의 기간이 남아 있어서 기도원에 머문다고 했다. 103호실에서 남편이 기거하고 있으니 거기에 가서 회개를 알려 주시라고 했다. 타인의 방해를 받지 않고 오롯이 부부뿐이어서 회개 환경이 최고로 좋았다.

　아내인 여목사는 조금 전 예배 시간에 말씀을 통해 회개에 관한 내용을 들었지만, 남편 강도사는 처음 대하는 여목사가 방에 들어와서 자기의 죄를 낱낱이 알려주니 당혹스러워했다.

　"부부싸움 할 때 밥상을 뒤엎고 아내를 발로 차셨나 봐요?"라고 했더니, 밥상을 엎은 기억은 나는데 아내를 발로 차지는 않았다고 했다. 아내가 옆에 앉아서 "당신은 기억 못 하지만 발로 나를 걷어찼어요." 하는 것이었다.

부부가 3일 동안 금식하며 죄를 낱낱이 회개했더니, 소변에서 나오던 피가 멈추고 안 나온다고 하며 나를 만나러 상림교회까지 왔다.

병원에서 재검사하고 난 후 의사가 놀라서 20일 동안에 무슨 일이 있었느냐고 물었다고 했다. 검사 결과 암세포가 사라졌다고 한다. 그래도 걱정스러우니 먹는 약이라도 드시라고 하더란다. 그래서 감사 인사를 드리러 왔단다.

집이 익산이라고 해서 익산에 계시는 분들을 소개하여 주면, 익산까지 가서 한 분씩 낱낱이 회개하는 방법을 알려 주겠다고 했다.

익산 아가씨

전북 익산으로 사역을 하러 다녔다.

교통사고로 두 다리를 다쳐서 자유롭게 움직이지 못하고 독신으로 사는 여성 분의 회개 내용을 소개하려고 한다.

그녀의 어머니는 남편을 일찍 여의고 재혼하셨단다. 엄마는 새아빠와 함께 살았고, 딸들과 함께 살 형편이 못되어 딸들끼리 살도록 하셨다고 한다. 어린 나이에 엄마랑 함께 살지 못하는 슬픈 마음에 일기장에다 기록하기를

"엄마가 죽었으면 좋겠다. 새아빠도 죽었으면 좋겠다." 항상 마음속에 분노로 가득 차서 저주만을 썼던 기억이 새롭단다.

그 저주의 내용이 본인에게 이루어졌다. 교통사고로 두 다리를 다쳐 겨우 서 있을 정도다. 걷기가 불편하다. 휠체어에 의지할 수밖에 없는 상황까지 이르렀다.

말은 곧 기도다. 기도는 응답받는다. 말대로 되는 것이다. 미움을 품고 저주하는 기도도 축복의 기도도 다 나에게 이루어진다. 내 생각과 마음을 주님께서 살피신다. 내 마음 상태가 기도다. "샬롬!" 평안을 유지하도록 욕심을 버려야 한다. 어떤 무익한 말이라도 심판대 앞에서 낱낱이 자백하여야 한다는 사실을 기억해야 한다.

나는 그녀에게 회개하는 방법을 일러주었다.

"네 부모를 공경하라 그리하면 네가 땅에서 잘 되고 장수한다."

"부모를 미워한 것은 미움의 살인죄이니 예수님의 피로 씻어주시고, 어머니와 새 아버지를 예수 이름으로 용서합니다. 나도 용서합니다. 예수 이름으로 축복합니다. 나도 축복합니다. (요일 3:14-15)"

그녀는 한없이 울고 또 울면서 그 마음속의 미움을 쏟아내고 용서하기를, 한번 심방을 가면 3시간씩 토설시켰다.

대학생 영은이

여대생이 자기 방에서 가족과 대화를 중단한 채 은둔생활을 하고 있었다. 심방을 오라고 해서 그녀의 연립주택 2층 계단을 올라가다가 예수님께 물었다.

"그 학생은 왜 그래요?" 성령께서 "선생."이라고 말씀하셨다.

말문을 닫은 그녀에게 먼저 내가 다 알고 있는 것처럼 물었다.

"애야! 어떤 선생님 때문이냐?"하고 물었더니

"도덕 선생님이요."라고 했다.

말문이 열렸다. 수업 시간에 선생님이 "영은아, 사랑해"하며 뒤에서 자기를 껴안았다고 했다. 그 교사의 성추행 때문에 학교를 옮기려고 시도했었다. 그러나 실제로 주거지를 이사하지 않고는 전학도 할 수가 없어서 졸업할 때까지 그 교사를 볼 수밖에 없었다. 그러다 보니 미움의 골은 깊어만 갔다. 결국, 미움이라는 죄가 자기 자신을 가두고 사회활동을 하지 못하도록 한 것이다.

나는 여대생에게 영접 기도와 회개 기도를 따라 하도록 했다.

"나는 죄인입니다. 지금까지 내가 주인으로 살았습니다. 예수님! 내 마음에 들어오셔서 나의 주인이 되어 주세요. 선생님을 미워한 죄 예수님의 피로 씻어주세요."

회개 기도를 하고 그 선생님을 용서한 후에는 엄마가 묻는 말에도 순순히 대답한단다.

윤 집사님

윤 집사님은 이 집사님이 내적 치유하는 곳에서 만난 분이라며 함께 모시고 왔다. 그분은 얼굴 표정이 무척 어두웠다. 이후에도 윤 집사님은 우리 기도원에 여러 번 와서 예배를 드리고 갔다. 어머니에 대한 미움 때문이라고 알려 주었으나 마음을 열지 않고 내게 다가오지도 않고 겉돌았다.

어느 날, 이 집사님이 나에게 전화해서 '윤 집사가 정신병원에 입원할 수밖에 없다.'라고 하며 심방을 부탁했다. 마음에 쌓인 응어리를 혼자 풀어내지 못해서 이 지경까지 온 것이었다.

심방을 가서 보니, 윤 집사님은 앉아 있을 힘도 없어 침대에 누워서 기도할 테니 회개 기도를 알려 달라고 했다. 그렇게 방언하며 영으로 기도하게 하고 통변을 시작했다. 숨은 마음을 드러내기 시작했다.

초등학교 2학년 때, 엄마가 이사하려고 바깥에 물건들을 내놓았는데, 친구랑 뛰어다니며 놀다가 거울에 부딪혀 얼굴에 큰 상처를 입게 되었다. 여러 번의 수술 후 지금은 상처가 잘 보이지 않지만, 수술 과정에서 본인의 얼굴을 보며 엄마를 많이 원망했다고 한다.

엄마는 자신이 거울을 그곳에 놓아서 딸이 다쳤다고 하시면서 "엄마가 미안하다."라고 하셨지만, 딸은 자기 얼굴의 상처를 보며 늘 엄마를 탓하며 미워했다는 것이다.

사역이 끝나고 돌아오려고 하는데, 윤 집사님은 "의사들도 치료한다며 돈과 연관 짓고, 목사도 헌금 받고…" 등등. 불평불만이 가득 차 있었다. 나는 교통비 명목으로 '심방 감사헌금 봉투'를 주기에 받기는 했으나 속내를 알고 나니 불쾌한 기분이 들었다. 그래서 거실에 있는 두 아들에게 용돈으로 다 주고 돌아왔다. 헌금을 아까워하는 집사에게 '돈 받고 치유했다.'라는 뒷소리를 듣기 싫어서였다.

어느 화창한 봄날, 해남으로 심방을 가는 중에 전라도 광주 송정역 계단에서 에스컬레이터를 타고 올라가며 누군가 부르는 소리가 들렸다.

"목사님!"

돌아보니 아는 체하는 분의 얼굴을 어디서 본 듯하다. 윤 집사님이었다. 살이 좀 쪄서 건강해 보였다. 광주에 사는 친구가 우울해하기에 만나러 왔다는 것이었다. 목사님 덕분에 새사람이 되었다고 하며 감사 인사를 해 왔다.

5부

깨어있으라

신천지가 찾아오다

시어머니의 장례를 치르고 나서 온 마음이 곤하고 우울해졌다. 그러던 어느 날 기도원 간판을 보고 두 명의 여성이 나를 찾아왔다. 회개 사역을 하는 나로서는 그녀들이 분명 어떤 문제를 가지고 기도하러 왔을 것으로 생각했다.

성경을 펴서 회개에 관해 설명하고 나니, 나이가 조금 어려 보이는 여성이 자신의 가정에 문제가 있다고 하며 기도를 해 달라고 했다. 내 사역의 주특기인 개인 기도를 해 주었다. 나이가 조금 많아 보이는 여성이 동생뻘 되는 그녀를 위해 기도해 주자 긍정적인 태도를 보였다. 잠시 후, 언니로 보이는 여성에게 기도를 해 주려고 하자 본인은 괜찮다며 거절했다. 다음에 또 들르겠다고 하며 30만 원을 헌금 봉투에 넣어 주고 갔다.

사람을 외모로 판단하면 안 되는 것이지만, 그녀들의 행색이나 차량을 보니 그렇게 넉넉해 보이지 않았는데 생각보다 많은 헌금을 했다는 생각이 들었다.

얼마 후 그녀들은 남자 한 명을 데리고 다시 찾아와서 기도해 달라고 했다. 나는 열심히 그 남자의 죄를 알려 주었다. 그녀들은 그날도 역시 30만 원을 봉투에 넣어 주며 '동생이 용돈 쓰라고 준 것인데 강 목사님이 쓰셔야 한다.'라며, 다음에 또 온다고 약속하고 돌아갔다.

며칠이 지나 전화가 왔다. 이번에는 선물을 주러 온다며 시간을 내어 달라고 했다. '지금까지 강 목사님께서 하나님의 일을 하느라 얼마나 많은 눈물과 헌신을 했는지 주님이 위로해 주라'고 했다며, 나를 위해 특별위로의 잔치를 베풀어 주겠다던 그녀들은 크리스마스 즈음 금요일에 나타났다.

화담숲 콘도를 예약해 놓았으니 오늘 저녁에 무조건 참여하라고 강요했다. 나를 위해 기도한다고 하며 이런저런 이야기를 하는데, 그 내용을 듣고 있자니 엄청 많이 이상했다. 다음 주에는 제주도에서 모임이 있기에 이번 주밖에 시간이 없다며 계속 강압적이었다. 이상한 점은 꼭 오후 시간에 나타난다. 보통 서울에서 상담하러 오는 사람들은 일찍 와서 차가 밀리기 전에 올라가는데, 이

들은 꼭 오후 4시경에 왔다.

어느 목사님에게서 신천지는 전도한다고 하며 저녁에 예쁘게 꾸미고 나간다는 이야기를 들은 적이 있었다. 아무래도 느낌이 신천지인 것 같았다. 나는 시어머니의 장례를 치르고 얼마 지나지 않았기에 마음이 지쳐있었다. 그래서 이제 깊이 기도하며 마음을 추스르고 난 다음에라야 뭐든지 할 수 있다고 둘러대었다. 오늘은 도저히 안 된다고 단호히 거절했더니 나를 놓아주었다. 그들이 차를 돌리자 그녀에게 문자를 넣었다. '너희들 신천지지?'라고 하자, 문자가 오기를 '아니라고 하면 믿겠어요?'라고 했다.

집에 와서 소파에 앉았는데 심장이 두근두근 떨렸다. 남편에게 사실을 말했더니 "당신 참 대단하네. 어떻게 신천지인 줄 바로 파악했냐?"했다.

그 시점에 남편이 50만 원이 필요하다고 했는데, 하나님은 신천지를 통하여 공급하심으로 요긴하게 사용하긴 했다.

두 분의 임종 이야기

김 권사님이 친정아버지의 임종을 맞이하여 전도한 내용이다.

권사님의 아버지는 늘 양심에 따라 살라고 자녀들을 가르치셨다. '남의 말 하지 말라. 욕하지 말라'시며 무척 도덕적이셨다고 한다.

그분은 개포동에 사셨다. 오래전 개포동이 개발될 즈음에 그곳은 도로포장이 되지 않은 상태여서 자동차가 달리면 흙먼지가 많이 날렸다. 그때만 해도 자가용이 귀한 시절이라서 대부분 사람이 걸어서 다녔다. 개포동교회에는 봉고차가 있었다. 그 교회 목사님은 흙먼지를 일으키며 교회 차를 운전하고 다니면서 마을 사람들을 태워 주지도 않으셨다고 한다. 많은 사람이 그 목사님을 좋게 봤을 리가 없다. 김 권사님의 아버지도 그런 목사님을 싫어하셔서 교회를 다니지 않았다고 한다.

오랜 세월이 지나, 권사님은 이제 임종을 맞이한 아버지께 '예수님을 영접하시고 죄를 회개하셔야 천국에 가실 수 있다.'라고 했다. 그 말을 들은 친정아버지께서는 정신을 가다듬고 입을 여시더니

"그래? 나의 양심에 꺼리는 것 한 가지가 생각난다. 우리 집 문간방에 살던 분이 딸을 시집보낸다면서, 우리 집에는 방마다 장롱이 있으니 형편이 어려운 자기네 딸의 신혼살림으로 장롱 한 개만 달라고 하는 걸 거절했던 것이 마음에 걸린다. 그때 욕심부린 것이 부끄럽다. 예수의 피로 씻는다."하시고 아내의 손을 잡고 "당신! 함께 살면서 내가 당신을 힘들게 한 것이 많이 있었지? 나를 용서해 줘요."하시고 아주 평안한 얼굴로 소천하셨다고 한다.

김 권사님의 작은아버지께서도 한 달 뒤에 소천하셨는데, 아버지 임종 때와 비교되었다고 한다. 작은아버지는 안수집사이며 교회에서 새벽기도를 열심히 하셨던 분이다. 몸이 아파서 누워 계시면서 당신의 아내인 작은어머니께 온갖 혈기와 짜증을 내시다가 돌아가셨단다. 돌아가신 뒤에 유품 정리를 하다 보니, 안수집사님이 스님들의 설법 테이프를 늘 듣고 살았던 것이었다.

곧 음행과 더러운 것과 호색과. 우상숭배와 술수와 원수 맺는 것과 분쟁과 시기와 분 냄과 당 짓는 것과 분리함

과 이단과. 투기와 술 취함과 방탕함과 또 이와 같은 것들
이라 전에 너희를 경계한 것과 같이 경계하노니 이런 일을
하는 자들은 하나님의 나라를 유업으로 받지 못할 것이
요.(갈5:19-21)

혈기 있는 자는 하늘나라를 유업으로 받지 못한다고 하셨다.
새벽기도를 열심히 하면서도 우상숭배를 하였고, 자신의 혈기
를 예수의 피로 씻어야 하는 것은 모르셨나 보다.

간호조무사 이야기

구리 영락교회에서 목요일 은사집회가 있었다.

어느 날 남편이 저질러 놓은 경제적 문제로 인하여 답답한 마음을 이끌고, 시원한 말씀이라도 듣고 싶은 마음에 예배에 참여했다. 예배 후 다른 성도들과 함께 모인 자리에서 목사님께서 개인 기도를 해 주셨다. 그곳에서 만난 분의 이야기다.

목사님께서 40대 초반 미혼 여성에게 결혼 중매 이야기를 꺼내셨다. 한데 그녀의 반응이 무척이나 냉담했다. 그 자리에서 말대꾸하는 모습을 보며, 부모에게 엄청난 반감을 지니고 있다는 것을 느꼈다. 난 그녀를 도와주고 싶은 마음이 생겼다. 집으로 가는 길에 엘리베이터를 같이 타게 되었다. 어디로 가는지 방향이 같으면 차를 태워 주겠다고 제안했다. 그녀는 고마워하며 구리역에 내려 달라고 했다. 나는 차 안에서 그녀에게 질문했다.

"회개할 때 죄를 자백한 후, 마무리를 '예수의 피로 씻어주세요.'라고 하느냐? 아니면 '용서하여 주시옵소서.'하느냐?"라고 질문을 했더니, 그녀는 나에게 호감을 느끼고 질문을 하기 시작했다. 주차할만한 곳이 마땅치 않아서 차 안에서 30분 동안 이야기를 나눈 뒤, 다음에 한번 만나자고 전화번호를 교환했다.

회개에 갈급했던 그녀는 얼마 후, '상림교회'로 찾아왔다. 그날은 피아노 조율을 하는 독신 남자분이 교회에 와 있었다.

그녀가 상담을 다 마치고 서울로 돌아가는 길이었다. 상림리에서 곤지암역까지 버스를 타고 나가든지, 아니면 내가 차량 운행을 해야 할 상황이었다. 그런데 조율사가 곤지암까지 본인 차로 간다기에 함께 타고 가면 어떻겠냐고 그녀에게 물었다. 그녀의 대답이 무척 당황스러웠다.

"목사님! 저 남자분이랑 저랑 어떻게든 엮어 볼 생각이시지요? 저는 모르는 남자랑은 함께 차를 타지 않습니다. 목사님께서 따로 차를 태워 주세요."

할 수 없이 피아노 조율사를 먼저 보내고, 내가 데려다줄 수밖에 없었다.

나중에야 그녀의 사정을 알게 되었다.

아버지께서 결혼을 강조하시며 남자를 소개하시고 억지로라도 결혼을 강행해 보려고 하셨단다. 그런 아버지가 너무 싫어서 남자랑 함께 차에 타는 것까지 거부 반응을 보이게 된 것이었다.

그 후, 그녀는 서울 동대문구 제기동에 거주하기 때문에 곤지암까지 전철로 오려면 2시간가량 소요되고, 왕복 4시간이어서 자주 다니기가 어렵다고 했다. 경제적으로도 그리 넉넉지 않은 형편이었다. 하지만 철저하게 회개하고 싶으니, 전화로 매일 회개 내용을 알려 달라는 것이었다. 그래서 전화로 회개할 내용을 알려 주었는데, 문제는 충돌이었다. 본인 생각과 맞지 않으면 어찌나 따지고 말대꾸를 하는지….

그녀는 어린 시절 부모님이 서로 혈기로 맞대응하시며, 과격한 말과 행동으로 부부싸움 하는 것을 많이 목격하며 자랐다고 한다. 서로 양보하지 않는 모습을 보며 자란 그녀는, 회개 내용을 알려 주면 반박하기에 급급했다. 그녀는 자기방어를 하며 나를 공격하기도 했다. 나는 무척이나 피곤했다. 정신적 피로감을 느끼며 무료 상담을 해 주는 것에도 한계를 느꼈다. 결국, 그녀의 전화번호를 수신차단하였다. 그리고 한동안 편하다고 느끼고 있던 어느 날, 유선 전화의 벨이 울렸다. 받아보니 그녀였다.

"목사님! 저예요. 휴대전화를 받지 않으셔서 유선 번호로 전화

했어요."

전화번호를 어떻게 알았느냐고 했더니, 인터넷에서 검색해보니 '상림교회'라고 있기에 했단다. 웃음이 났다. 그리고 한편으론 반가웠다. 얼마나 답답했으면 죄를 지적하고 책망하는 나를 다시 찾아서 대화하려고 하는가? 직선적으로 말하는 나를 인정하는 것으로 생각하면서 그녀가 또 상처를 입을까 조심스러운 마음을 내려놓고 친분을 쌓게 되었다.

그녀는 어린 시절부터 부모님께서 격렬하게 부부싸움을 하는 장면을 목격한 후에, 나는 '소처럼 일만 하는 엄마같이 인생을 살지 않겠다. 아버지처럼 혈기 많은 남자 만날까 봐서 결혼은 하지 않겠다.'라고 결심했다고 한다. 그런 결심을 한 그녀에게 20세부터 아버지는 여러 사람을 소개하시면서 결혼을 촉구하셨다. 당연히 마음에 드는 남자가 없었다. 아버지는 딸이 당신의 말에 순종하지 않는다고 화를 내셨고, 그녀는 '결혼'이라는 말만 들어도 알레르기 반응이 생겼다고 한다.

자신에게 '결혼하라'고 늘 채근하시던 아버지께서도 세월이 흘러 딸의 나이가 50세 가까이 되자, '이제는 늦었다.'하시며 자포자기하신 말씀을 듣고, 마음이 한결 편해졌다고 한다.

그녀는 요즘도 철저히 회개해야 한다면서 문자로 전화로 시도 때도 없이 연락했다. 정규직 직장이 없어서 계약직으로 일하는 어려움을 호소해왔다. 3개월 단위로 다른 일자리를 알아보고 서류를 넣고 면접 보는 것도 힘들다고 했다.

자녀들아 주 안에서 너희 부모에게 순종하라 이것이 옳으니라 네 아버지와 어머니를 공경하라 이것은 약속이 있는 첫 계명이니 이로써 네가 잘되고 땅에서 장수하리라 또 아비들아 너희 자녀를 노엽게 하지 말고 오직 주의 교훈과 훈계로 양육하라(에베소서 6:1-4)

내가 그녀의 유년 시절의 어떤 사건으로 인해 아버지에 대한 원망과 불편한 감정을 낱낱이 알려주면 통변을 통해 본인이 자백하면서 '지금까지 많은 목사님께 기도를 받아보았지만 이렇게까지 마음속 깊은 곳에 숨어있는 죄를 알려주는 목사님을 처음 보았다.'라고 하며 감격했다.

수원 권사님

어떤 권사님이 나를 소개받고 찾아오셨다.

권사님은 27년 가까이 인천에 있는 어떤 기도원으로 매주 한 두 번씩 회개하며 안수받으러 다니셨던 분이다. 남편이 직업군인 이라서 군인 사택에서 신혼생활을 했다고 한다.

하루는 권사님이 어떤 일로 남편과 부부싸움을 했는데 남편의 폭력이 있었다고 한다. 너무 어처구니가 없어서 그날의 일을 잊지 못하고 용서할 수 없다며 두고두고 마음에 묻어 한이 맺혀 있었 다. 20년을 넘게 기도원에 다니면서 회개하라는 말과 안수기도를 받았음에도 불구하고 마음은 더 완악해져 갔다.

내가 권사님을 처음 만난 날, 남편과 시어머니에 대한 미움의 살인죄를 예수의 피로 씻으라고 말해 주었더니 알아듣고 몇 번 더 오시다가 연락이 없었다.

2년이 지난 어느 날, 전화를 걸어 심방을 해달라고 했다. 손주를 보고 있어서 갈 수가 없다고 하며, 2년째 정신과 약을 먹는다고 하였다. 도저히 남편이 용서되지 않고, 이제는 더 많이 심해져서 의사의 입원 권고까지 받았다고 했다.

우리 교인은 아니지만 나를 찾아왔던 환자다.

"인천에 있는 기도원에 몇 년을 다녔는데도 상황이 이 지경까지라면 그곳은 뭔가 잘못된 곳 아니에요?" 했더니, 그 목사님은 사모님과 여자 문제로 인해 갈등을 겪고, 결국 사모님과 이혼하고도 기도원을 운영하신다고 했다.

그곳으로 꾸준히 안수받으러 다니시는 분들이 거의 부부연합이 되지 않은 채 갈등 속에 있고, 홀로 사는 권사님 등등 문제가 있다고 했다. 이 권사님은 그걸 알면서도 그 목사님과 27년 동안 연결되어 습관처럼 매주 2번씩 안수를 받기에 관계를 끊기가 힘들다고 했다.

성령께서 이 권사님을 불쌍히 여기셨는지 나를 찾아오게 하셨다. 이제 본인은 상태가 심해져서 정신과 약을 먹고, 운전도 할 수 없기에 남편이 운전하고 왔다. 2시간 정도 예배와 회개 기도를 하게 한 후 돌아가시라고 했더니, 남편이 밖에서 기다리는데도 불구하고 "난 집에 안 가요." 하며 의자에 드러누웠다.

그때부터 억울하다며 하소연하기 시작하여 시간이 길어졌다.

매주 2번씩 오겠다고 하며 집에 돌아가서는 빈방에서 낱낱이 죄를 자백하며 방언 기도를 한다고 했다. 어느 날은 잠을 자려고 누웠는데, 5번째 발가락을 잡아당기는 느낌 때문에 잠을 잘 수가 없다고 하며 전화를 걸어왔다.

성령님께 물어보았더니, 마귀가 '○○기도원 가자.' 한다고 알려 주셨다. 워낙 오랜 세월 정이 들었던 기도원이라 습관이 되어 버려서 끊기가 어려운 모양이다.

권사님은 단호하게 말한다.

"사탄아! 너에게 속아서 27년을 다녔지만 나는 지금 밥을 먹지 못하고 잠도 자지 못해서 정신병원에 입원해야 할 지경이다. 이제 그곳엔 안 간다." 이렇게 선포하고 적극적으로 내게 와서 죄를 낱낱이 지적받으며 회개했다.

"나를 때린 남편을 예수 이름으로 용서합니다. 나도 용서합니다."

남편이 일해야 하기에 운전해 줄 수 없어서 그만 와야겠다고 했다. 그래서 오늘로 마무리해 달라고 축사하며 "마귀는 다 나갔습니다." 했더니 이 권사님이 하시는 말이 "목사님, 무슨 말씀이세요? 마귀 손자까지 내 몸에 붙어있는데요. 아들과 손자가 나가자고 엄마에게 말하니 엄마 마귀가 나갈까 말까? 엉덩이만 들썩이는 모양이 보이는데요." 한다.

한 번 오면 3시간씩 방언과 통변을 하고 있자니 너무 힘들어서 대충 끝내려고 했더니….

이제 혼자서도 회개 기도를 잘하셨다. 권사님이 다니시는 본교회 부목사님께서 권사님 댁에 심방을 오셨기에 간증했다고 한다. 부목사님이 권사님의 간증을 듣고 "이제 치유 받으셨으면 상림교회에 그만 가시지요!" 하셔서 그만 오신다고 했다.

목사가 되고 싶어요

내가 성령 사역을 시작하려고 하자, 장 집사님이 교회를 떠나셨다.

동네 사람들로부터 무시당하고 멸시를 당하면서도 당당하게 교회를 나오시던 분이었다. 당분간 교회를 나오지 않겠다고 했다. 천국에 가려면 믿음을 지켜야 한다고 했더니, "목사님은 천국에 가보았어요?"라고 했다. 나는 어이가 없었다. 몇십 년 신앙생활을 한 집사님 입에서 나온 말이었다. 그 집사님에게 '진우'라는 아들이 있었다. 육체는 아주 건강하나, 지식적으로는 약간 부족한 상태였던 진우도 성가대가 있는 교회로 간다고 떠나갔다.

얼마간의 세월이 지난 어느 주일날 진우가 다시 상림교회에 출석했다.

"목사님! 전도사가 되어 돌아왔습니다."라고 했다. 나는 대뜸 "그럼 회개부터 하자."고 했더니 다음 주일에 나오지 않았다.

나중에 들은 이야기인데, 삼각산에 있는 어느 기도원에서 신학을 보내 주겠다고 하며 숙식을 제공하여, 진우는 화장실 청소 등 궂은일을 하며 지냈다고 한다. 그러나 그곳 환경이 너무 열악하여 두 달이 못 되어 나와서 어느 무인가 신학 1년 과정에 다닌 것 같다.

진우는 목사가 되고 싶다고 했다. 어째서 목사가 되고 싶으냐고 물었더니, 목사님은 예배드리고 헌금을 받아서 생활하며, 직장도 다니지 않고, 일하지 않고도 생활을 하니 본인도 그리하고 싶다고 했다.

대인 관계가 제대로 되지 않고 이해력이 부족하기에 직장생활을 하기도 힘들었던 모양이다.

대개 목회자는 기도와 말씀에 전념하기에 육신의 일을 하지 않는다. 교회의 성도가 많고 심방과 말씀 준비와 할 일이 많으면 그 사역에 충실하면 된다. 요즘은 교회가 워낙 많다 보니 경제적 자립이 되지 않는 교회가 많다. 개척교회는 주로 사모님이 직장을 다니며 생활하는 목사님들도 많이 있다.

바울 사도는 일하기 싫거든 먹지도 말라 하셨다. 바울도 브리스길라와 아굴라 부부와 함께 장막 만드는 일을 하며 모자라는 선교비를 충당했다. 내 남편 목사도 경제적 자립이 겨우 되는데, 아들이 오토바이 사고를 내는 바람에 치료비를 카드로 내고 카드 빚을 갚기 위해 취업했다. 하여 남편은 주일 낮 예배 설교를 담당하고 주중에는 내가 교회 일을 맡아서 한다.

광천 시찰 미자립 교회의 젊은 목사님들도 그동안은 사모님들만 일하시더니, 요즘엔 목사님들도 주중에 일을 하신단다. 선배 목사님들이 일하는 걸 보고 후배 목사님들도 일한다고 한다. 코로나 팬데믹으로 인해 교회의 예배 모임을 정부에서 막자, 성도들도 줄어들고 경제적 열악함으로 인하여 목사님들도 두 가지 일을 하는 것이다.

노동은 신성한 것이다. 목회자가 육신의 일을 하지 않는 것이 거룩이 아니라, 죄를 멀리하는 것이 거룩이다.

나는 정원에 있는 소나무를 다듬을 때도 영으로 기도하고 입으로 찬송한다. 주일날 성도들의 점심 식사를 준비하면서도 마음으로 기도한다. 예수께서도 '아버지께서 일하시니 나도 일한다.'라고 하셨다. 예수님은 섬기러 오셨다고 말씀하셨다. 대접받고 싶으면 먼저 대접하라. 섬김받는 목사님과 일하지 않고 편하게 지내는 목사님을 본 진우는 그런 목사가 되고 싶었던 모양이었다.

강화기도원

　강화기도원 원장님을 뵙고, 기도원 설립 초창기 시절의 이야기를 나누었다.

　신혼 초기에 생활비 문제로 시어머니와 갈등을 겪고 있을 무렵, '천막을 치고 기도원을 시작하시는 여전도사님이 강화도에 계신다.'라고 어느 분을 통해 들었다. 원장님은 한얼산기도원 원장목사님과 함께 교회사역을 하시다가 몸에 무리가 와서 교회를 사임하시고 건강회복 후 기도원을 하신다고 하였다.

　막상 가보니 땅값을 치를 능력이 되지 않아 금식하신다고 했다. 계약금만 치르고 중도금을 마련하기 위해 또 금식을 하신다는 원장님의 이야기를 듣자, 남의 일이 아니라 내 일로 여겨졌다. 나는 나의 교만을 내려놓기 위해 일주일 금식을 했다. 금식해 본 나로서 금식이 얼마나 힘든지 아는 터라 "하나님! 원장님 땅값 마런해 주세요!" 하며 열심히 기도하였다. 다음 날 혜광교회에 함께 다니던 황 집사님이 몸에 결석이 있어서 병원에 입원하였다는 소식이 들렸다. 순간 그분이 그 강화기도원에 올라와서 회개 기도를 하면 치료될 것 같은 생각이 들었다.

1986년도만 해도 가정마다 자가용이 많지 않던 때였다. 그분은 경제적 여유가 있는 분이어서 좋은 승용차를 타고 다녔다. 그의 아내 집사님께서는 나누고 베풀고 하는 섬김이 대단했다. 신학생들을 학비로 섬기고, 회갑기념으로 교회를 세우려고 돈을 모으신다고 했다. 그래서 그분들을 강화기도원에 소개하려는데, 혹시 소개했다가 거절당하지는 않을까 염려가 되어 기도했다.

나아만 장군 같은 분인 황 집사님을 소개하는 데 있어서 내게 이스라엘의 계집종 역할을 하라는 생각이 들었다.
"하나님! 나아만 장군 이야기가 성경 어디에 있나요?"
기드온이 양털로 테스트를 한 것처럼 나도 하나님께 테스트받고 싶었다.
"하나님! 내가 지금 성경을 펼칠 테니 그 나아만 이야기가 성경 어디에 있는지 모르는데 한 번에 쫙 펼칠 때, 그 내용이 즉시 나오게 하시면 그 부부를 기도원에 소개하겠습니다." 하며 성경을 펼쳤는데 열왕기하 5장에 나아만 장군 이야기가 펼쳐졌다. 너무 신기해서 성경을 덮고 "또 한 번 펼칠 테니 나아만 장군의 계집종 이야기가 나오면 하나님의 명령인 줄 알고 소개하겠습니다." 하고 펼치니, 또 열왕기상 5장이 펼쳐졌다. 그때의 감격이 아직도 내 맘에 생생하다.

기드온이 하나님께 사사로 부름을 받을 때의 이야기다. '밖에 양털을 내어놓고 밤에 이슬이 내릴 때 양털에만 이슬이 내리게 하시면 순종하겠습니다. 다시 한번 반대로 이번에는 양털에는 이슬이 안 내리고 다른 곳에는 이슬이 내리도록 기도한 것처럼(삿 6:36-40) 나도 하나님께 그런 기도를 해 보고 싶었다.

응답을 받은 후 황 집사님의 아내에게 전화를 걸었다.

"집사님! 병원에서 결석 수술받지 마시고 기도원에 올라가서 회개와 금식기도를 해 보시면 어떨지요? 기도원 원장님께는 철저하게 회개를 촉구하고 귀신을 쫓는 은사가 있어요."

부부는 그날 오후 기도원으로 올라왔다. 마침 저녁 식사 시간에 기도원의 땅 소유주로부터 전화가 와서 원장님에게 중도금 지급 날짜를 확인하던 참이었다. 그때 3일 금식기도를 하러 온 황 집사님 부부가 옆에 앉아서 전화 내용을 물으시더니 중도금을 빌려주겠다고 했다. 이후 원장님이 땅값으로 빌린 돈을 갚을 능력이 되지 않자, 그냥 헌금으로 처리하라고 해서 1만 평 야산을 3천만 원에 샀다고 했다.

35년이 지난 지금 추억이 새로워서 원장님을 뵈러 다녀왔다.

기도원 건물이 지어지고 원장님도 이제 79세가 되셨다. 일을 많이 해서 인공관절 수술도 하고 처녀로 헌신하였는데 난소암 수술도 했다고 한다. 과거를 추억하며 즐거운 담화를 나누고 돌아왔다.

조울증 환자

23년 전에 상림교회에 온 성도의 이야기다.

그녀의 올케언니는 대형교회 평신도 선교사였다. 그녀는 정신 병원에서 거의 15년간 생활하다가 지금은 친정아버지와 함께 생활한다고 했다. 올케언니가 그녀의 조울증 증세를 나에게 설명하는데, 엄청난 경험담을 털어놓는다. 때로는 돈을 내놓으라고 소리치며 협박한다는 둥, 듣고 있자니 너무 민망한 나머지 그녀의 증세를 모르는 나로서는 올케가 시누이의 험담을 하는 것으로 들렸다. 하여 말하는 중간에 끼어들어 더는 말을 못 하게 했다. '무식하면 용감하다.'라고 정신질환자에 대해 전혀 모르는 상태에서 말이다.

지금까지 23년 동안을 조울증 환자와 거리 두기 없이 지내오면서 가끔은 후회스러울 때가 있다. 그때 그녀의 올케언니가 말하고자 하는 내용을 잘 들었더라면 시행착오가 없었을 텐데, 하는 생각도 혼자 해 본다.

예배 때 빈자리가 많아서 사람이 귀한지라 성도 한 명이 늘어난다는 기쁨 때문에 그분의 말을 귀담아듣지 않았다. 교회로 찾아온 그녀는 인상이 어둡고 눈에 힘이 들어있어서 무섭게 느껴졌지만, 그날부터 그녀와 함께 매주 '호산나기도원'에 내 차로 함께 예배드리러 다녔다. 조울 증세는 대부분 수면제·안정제 등 약에 의존하여 잠을 잔다. 저녁마다 먹는 약이 과했나 보다. 약의 부작용으로 혀가 굳어지고 입에 침이 마르며, 손을 살짝 떨었다. 담배를 피우는 손이 흔들렸다. 또한, 차만 타면 옆 좌석에서 졸았다.

그녀가 병원에 정기적으로 가는 날이었다. 내가 먼저 자원하여 내 차로 다녀오자고 제안했다. 단 한 번이 그만, 몇 년으로 연장되어 그녀의 전용 운전기사 역할을 하게 되었다. 한편, 그동안 그녀가 정신병원에 입원했던 이야기 등 그녀를 알아가는 즐거움도 있었다.

그녀는 차 안에서 자기의 과거 상처를 털어놓았다.

본인에게 어릴 때 상처를 준 외삼촌을 용서하지 못한다고 했다. 5세 때 외갓집에서 외할머니와 함께 살았는데, 우물가에서 동네 아낙네들이 농담 삼아 이 아이를 놀렸다.

"너는 엄마가 이곳에 버린 거야. 그러니 데리러 안 오지." 하는 말에 엉엉 소리 내어 울었다고 한다. 그때부터 자신이 부모로부터 버림받았다는 생각에 '집착증'이 생겼다. 이 병증은 '집착'이 심하다. 한번 결심하면 사람을 질리게 한다. 한 사람에게 잡착하면, 무조건 자기가 가진 돈과 물건 등을 다 준다. 그리고 대가를 원한다. 처음엔 아무것도 모르고 선물이라고 해서 받았다. 이후 난 그의 종이 된 기분이었다. 언제든지 부르면 차를 대기시켜야 하고, 시간 약속에 조금이라도 늦으면 화를 냈다. 분노 조절이 안 되었다. 이런 사람과 20년간 교제하면서 이해가 되지 않아 많이 울었다. 이제는 병의 증세를 파악하고 모든 선물을 거절하며 거리를 두었다.

어느 날 전화가 와서 받았더니, 자살하려고 수면제 한 달 치를 한꺼번에 다 먹었다고 하며 위협했다. 병원에서 치사율이 높은 약은 많이 처방해 주지도 않고, 또 요즘 수면제는 치사율이 없다고 들었다. 그래서 3일 정도 푹 자고 나면 괜찮으니 쉬라고 했더니, 시각장애인인 오빠에게까지 전화를 걸어 '죽으려고 약 먹었다'라고 광고했다. 결국, 함께 사는 아버지가 병원에 데리고 가 위세척을 해야겠다고 해서 내 남편을 보냈더니 우려한 일이 생겼다.

그녀가 나와 함께 병원에 가야 한다며 우기는 바람에 남편은 교회로 그녀를 태우고 왔다. 나는 함께 타고 있는 그녀의 아버지께 말씀드렸다. 그녀의 지금 이 행동은 본인의 마음대로 나를 조종하고 겁박하려는 행위이며 이것이 조울증 환자의 증세이므로, 상황 파악이 된 이상 내가 운전하고 병원에 갈 수 없다고 하며

"김 목사님께서 다녀오세요."라고 단호하게 거절했다.

그녀는 내가 교인 한 명을 귀중히 여기는 줄 알기에, 나의 심리를 이용하여 자기 기분에 맞지 않으면 늘 하는 말이 '상림교회 안 다닌다.'라고 하며 나를 조종하려고 들었다. 그동안, 우리 교회 주변에 있는 여러 교회로 옮겨 갔다가 다시 돌아오기를 계속 반복했다. 주변에서는 '하나님께서 내보내셨으니 이번에는 교회에 다시 돌아온다 해도 절대 받아들이지 말라'고 충고했다. 특히 내 남편이 나를 곁에서 지켜보다 못해 더 강력히 만류했다.

그녀의 올케는 '강 목사님의 양이니 받아 주시라'고 부탁하는데, 그녀는 양이 아니라 염소인 것 같다고 하며 거절했다. 그러나 그 거절했던 마음은 며칠이 지나자 그만 무너지고 말았다. 모질지 못한 나의 성품과 '강권하여 내 집을 채우라'라는 말씀 때문인지, 사람의 욕심인지 모르겠지만 또 받아들였다.

조울중인 그녀는 '사랑이 넘치는 상림교회다. 다른 교회를 다

녀 본 사람만 안다.'라고 늘 고백했지만, 오늘도 역시나 자기 생각대로 행동한다. 20년간 그녀와 정신적 씨름을 하는 나를 바라보는 남편은 인제 그만하라고 했다. 옆에서 바라만 봐도 지치고 힘들었나 보다.

나는 고백한다. 그녀는 나를 훈련시킨 조교였다고. 사랑으로 감싸 안고 기도하면, 그녀는 자기의 죄를 인정하곤 했지만 늘 분노에 사로잡혀서 형제들을 저주하고 있다. 영으로 기도하기 싫으니 기도해주지 말라고 내게 말했다.

오랜 세월 그녀를 통하여 깨닫게 된 것은? 모든 사람은 자기가 주인이다. 내 생각·내 방법·내 뜻에 맞춰서 산다. 또한 『고래도 칭찬하면 춤을 춘다』라는 책 제목처럼 각자의 삶의 방식에 칭찬받기를 원한다. 그러나 하나님은 '자기가 주인이 되어 자기 마음대로 살아온 백성의 죄'를 청산하기를 원하시고, 번제물인 어린양 되신 예수님의 피로 씻고 오직 하나님만 나타내기를 원하신다.

나는 날마다 죽노라

　원죄는 하나님의 생각·의지·견해와 하나 되어 있던 것에서 에덴
동산의 선악과를 먹는 순간 하나님에게서 분리되어 인간이 스스
로 판단하고 자기의 생각과 의지와 견해대로 살게 된 것이다. 내
생각·내 의지·내 견해를 하나님의 생각·의지·견해로 일치시키는 것
이 예수 믿는 목적이다.

　　주님 뜻대로 살기로 했네.
　　주님 뜻대로 살기로 했네.
　　뒤돌아서지 않겠네.

　말씀으로 교훈 삼고 책망을 받으며 고쳐 나가는 것이 신앙생활
이다. (딤후3:16~17)
　"예수 믿고 복 받으세요."
　여기서 보통 사람들은 '복'을 물질과 자녀·건강 등. 이 생의 자랑

거리로 가득 채워주시는 것으로 안다. 아니다. 복은 하나님의 성품을 소유하는 것이다. 하나님의 뜻에 나 자신이 굴복하는 것이 복이다(마5:3-12).

회개하여 마음이 청결한 자, 화평케 하는 자, 긍휼히 여기는 자, 애통한 자, 온유한 자, 심령이 가난한 자, 의를 위하여 박해받은 자, 의에 주리고 목마른 자, 이 마음을 소유한 자가 복된 자라고 성경은 말한다. 사람의 생각과 하나님의 생각은 다르다.

사람들은 자기의 생각대로 되지 않으면 분을 낸다. 혈기 즉, 분노 조절이 되지 않는 순간 마귀에게 틈을 주어, 주변 사람들을 힘들게 한다. 마귀에게 잡힌 것이다.

분을 내어도 죄를 짓지 말며 해가 지도록 분을 품지 말고 마귀에게 틈을 주지 말라(엡 4:26-27)

샬롬! 평안한 마음을 가지면 깊은 잠을 잔다. 하나님은 사랑하는 자에게 잠을 주신다. 대부분 정신적 스트레스로 깊은 잠을 자지 못해 약에 의존하는 사람들이 늘어나는 추세다. 스트레스가 죄고 욕심이다. 미움이다. 용서하지 못해 생기는 마음 상태다. 예수의 피로 인정하고 자백해 보시라. "예수 이름으로 용서합니다.

나도 용서합니다." 내가 용서하려고 해도 안 되는 것은 예수 이름 으로 하면 된다. 예수님이 나를 위해 십자가 위에서 용서하셨기에 나도 예수 이름으로 저들의 죄를 용서하는 것이다.

모든 성경은 하나님의 감동으로 된 것으로 교훈과 책망 과 바르게 함과 의로 교육하기에 유익하니 이는 하나님의 사람으로 온전케 하며 모든 선한 일을 행할 능력을 갖추 게 하려 함이라(디모데후서 3:16~17)

20년간 말씀을 통하여 '죄의 회개와 용서'로 훈련받고 교육을 받았는데, 하나님의 사람이면 온전케 될 텐데, 안 되는 이유는 마 귀의 자녀인가?

그러나 성령이 밝히 말씀하시기를 후일에 어떤 사람들이 믿음에서 떠나 미혹하는 영과 귀신의 가르침을 따르리라 하셨으니 자기 양심이 화인을 맞아서 외식함으로 거짓말 하는 자들이라(딤전4:1-2)

시내산에서 이스라엘 백성들이 물이 없어 불평할 때, 모세가 막대기로 반석을 치므로 반석이 갈라져 생수가 쏟아졌다. 단단한 반석 같은 내 자아 즉, 교만과 혈기·고집과 아집 등은 하나님께서 인간 막대기를 사용하셔서 나를 칠 때 깨진다. 남편과 시어머니와 자녀·성도들이 나를 아프게 할 때 십자가에 못 박히신 주님 앞으로 나아간다. 눈물로 회개하며 '나는 날마다 죽노라.' 사도바울처럼 고백한다.

> 내가 그리스도와 함께 십자가에 못 박혔나니 그런즉 이제 내가 산 것이 아니요 오직 내 안에 예수께서 사신 것이라(갈2:20)

생명 길과 사망 길

죄는 대를 이어 내려온다. 아담의 아들 카인이 인류 최초의 살인자다.

> 카인 같이 하지 말라 그는 악한 자에게 속하여 그 아우를 죽였으니 어떤 이유로 죽였느냐 자기의 행위는 악하고 그의 아우의 행위는 의로움이라 형제들아 세상이 너희를 미워하여도 이상히 여기지 말라 우리는 형제를 사랑함으로 사망에서 옮겨 생명으로 들어간 줄을 알거니와 사랑하지 아니하는 자는 사망에 머물러 있느니라 그 형제를 미워하는 자마다 살인하는 자니 살인하는 자마다 영생이 그 속에 거하지 아니하는 것을 너희가 아는 바라"
>
> (요일3:12-15)

인생을 살면서 '좌로나 우로나 치우치지 말라'는 하나님의 말씀은 중간을 선택하라는 말이 아니다. 십자가의 푯대를 똑바로 바라

보며 달려가라는 것이다. 이것은 예수님의 사랑과 용서다. 사도바울은 '나는 날마다 죽노라'하고 고백했다.

사람들은 누구나 자기를 나타내고 싶은 욕망이 있다. 자기를 드러내는 삶이 성공적인 삶이라고 생각한다. 그러나 예수를 믿는다는 것은 바울의 고백처럼 내 안에 있는 죄를 날마다 자백하며 나의 자아를 죽여 나가는 것이다. 예수 믿는 사람은 자기는 죽고 자기 안에 계신 예수만 나타내야 한다.

어느 여자 목사님께 질문했다.
"당신은 지금 이 시간 생명 길로 가고 있나요? 아니면 사망 길에 머물러 있나요?"
그는 중간 길에 서 있다고 대답했다. 중간 길은 없다. 빛과 어둠이다. 빛은 생명이요 어둠은 사망이다. 하나님은 빛이시라.

하나님의 자녀들과 마귀의 자녀들이 드러나나니 무릇 의를 행하지 아니하는 자나 또는 그 형제를 사랑하지 아니하는 자는 하나님께 속하지 아니하니라"(요일3:10)

"목사님은 남편을 미워하는 마음이 있지요? 그렇다면 당신은 현재 사망 길에 머물러 있는 것입니다."

주를 향하여 이 소망을 가진 자마다 그의 깨끗하심과 같이 자기를 깨끗케 하느니라 죄를 짓는 자마다 불법을 행하나니 죄는 불법이라 (요일 3:3-4) 그 아들 예수 그리스도의 이름을 믿고 그가 우리에게 주신 계명대로 서로 사랑할 것이니라(요일3:23)

생명 길은 사랑하는 것이다. 미움이 몰려올 때 그것을 인정하고, 내 입장만 생각하지 말고 처지를 바꾸어서 생각하고 회개하며 기도해야 한다.

마음에서 불쌍히 여김이 될 때까지 몇 번, 안 되면 몇 시간, 그래도 안 되면 몇 날, 몇 년이라도 될 때까지 회개하고 자백해야 한다. 나를 힘들게 하는 그 사람도 자기 죄로 인하여 상대를 괴롭히기에 그 사람에게도 이 원리를 전할 때 주변이 평안하게 된다.

말씀에 비추어 보는 방법

보혜사 성령님께 질문하는 것이 기도다.

"성령님, 제가 언제 마음으로 간음했나요?"

간음한 여인(자)들아 세상과 벗된 것이 하나님과 원수 됨
을 알지 못하느냐 그런즉 누구든지 세상과 벗이 되고자
하는 자는 스스로 하나님과 원수 되는 것이니라(약 4:4)

- 세상일에 지나친 관심을 가지고 뉴스나 유튜브를 통하여 한 시간씩 세상 소식
을 접하고 난 후, 회개하는 방법-

"나는 세상과 간음한 여인(자)입니다. 예수의 피로 씻어주세요."

"제가 언제 살인했나요?"

그 형제를 미워하는 자마다 살인하는 자니 살인하는 자
마다 영생이 그 속에 거하지 아니하는 것을 너희가 아는
바라(요한1서 3:15)

"주님! 미움의 살인죄를 예수의 피로 씻어주세요. 예수 이름으
로 형제·자매·부모·남편·자녀를 용서합니다. 나도 용서합니다."

- 짐짓 짓는 죄(죄인 줄 알면서도 일상생활 속에서 짓는 죄) 회개 방법-

"나는 고범죄인입니다. 예수의 피로 씻어주세요."

맺는 글

하나님은 사랑이시다.

성경은 타락한 사람을 죄에서 구원하시는 과정을 기록한 책이다. 에덴동산에서부터 인간에게 들어온 원죄로 인해 모든 사람은 죄 중에 잉태되고 죄인으로 태어난다. 그러므로 모든 사람이 죄를 범하였으매 의인은 없나니 하나도 없다. 죄에 빠진 모든 사람은 육신의 정욕과 안목의 정욕과 이생의 자랑으로 살아간다. 죄인의 특징이다. 죄의 결과는 질병과 저주와 죽음이다. 하나님과의 관계가 끊어지고 원수가 된 것이다.

그런 죄인을 구원해 주시려고, 죄 없으신 하나님께서 인간의 몸을 입고 이 땅에 오신 분이 예수님이시다.

> 인자의 온 것은 섬김을 받으려 함이 아니라 도리어 섬기려 하고 자기 목숨을 많은 사람의 대속물로 주려 함이니라(막10:45).

십자가 위에서 돌아가시고 부활하신 예수 그리스도의 피를 믿는 것이 신앙이고 구원이다. 그러나 사람은 예수를 믿고 구원받았을지라도 여전히 죄를 지으며 살고 있다. 그런 우리의 연약함을 아시는 하나님께서 은혜의 방편으로 주신 것이 회개이다. 말씀의 거울에 비춰 보아서 내 생각과 내 이론대로 살아온 행동을 찾아 예수의 피로 낱낱이 인정하고 자백하는 것이다.

'회개하라 천국이 가까웠느니라(마4:17)' 이는 예수님께서 공생애 사역을 시작하시면서 처음 외치신 말씀이다. 우리는 예수님께서 나의 죄를 위하여 나 대신 십자가에서 피 흘려주셨다는 사실을 믿어야 한다. 그것이 하나님의 사랑이라는 사실을 알고 이 땅에서 우리가 '서로 사랑하라'는 말씀을 실천하는 것이 신앙생활이다. 사랑하지 못하며 살아온 언행을 인정하고 자백해야만 심판대 앞에서 자유로울 수 있다. 철저하게 회개한 자는 타작마당에서 알곡으로 천국 곳간에 들어간다.

> 네가 만일 네 입으로 예수를 주로 시인하며 또 하나님께서 그를 죽은 자 가운데서 살리신 것을 네 마음에 믿으면 구원을 얻으리니 사람이 마음으로 믿어 의에 이르고 입으로 시인하여 구원에 이르느니라(롬10:10)

예수를 믿고 진리를 따르고자 하는 성도는 엄마 배 속에서부터 현재까지 살아오는 동안 자기의 잘못된 행위 즉 자신의 죄를 성령님께 묻고, 말씀대로 살지 못한 것들을 빛으로 오신 예수님께 낱낱이 자백하여 예수의 피로 씻는 것이 회개다.

악을 행하는 자마다 빛을 미워하여 빛으로 오지 아니하나니 이는 그 행위가 드러날까 함이요 진리를 따르는 자는 빛으로 오나니 이는 그 행위가 하나님 안에서 행한 것임을 나타내려 함이라(요3:20-21)

흔히 '용서하여 주시옵소서.'라는 기도를 많이 가르치는데, 예수님께서 십자가상에서 이미 용서하셨고 '다시는 죄를 짓지 말라'고 하셨다. 주님 앞에 서는 날까지 날마다 마음으로 짓는 자범죄는 본인이 낱낱이 인정하고 자백하면 예수의 피가 깨끗케 한다.

어떤 목사님들은 원죄 안에 자범죄가 속해 있기에, 예수님을 영접하고 세례받을 때 회개가 다 이루어졌다고 한다. 그래서 자범죄를 인정하지 않고, 더 이상 회개하지 않아도 된다고 생각하며 거부하는 분을 의외로 많이 만난다. 물세례로 회개가 다된 것이라고 잘못 알고 있다. 보혜사 성령님은 죄를 생각나게 해 주신다.

나의 죄를 성경 말씀에 비추어 보며 묻고 또 물으면 깨달음을 주신다.

미련한 자는 죄를 심상히 여긴다.(잠14:9) 훈계받기를 싫어하는 자는 자기의 영혼을 경히 여김이라(잠15:35)

예수님의 제자들은 요한의 물세례를 받고, 또한 예수께서 돌아가시고 부활하신 후 오순절에 임하신 성령세례를 받고 나서야 핍박을 견디고 이기며 담대하게 흩어져서 전도하고 순교하게 되었다. 우리도 반드시 성령세례를 받아야 한다. 성령은 자기의 죄를 인정하고 자복하고 회개할 때 임한다.

'죄가 많은 곳에 은혜도 많다.'라는 것은 자기의 죄를 많이 발견하고 자백하며 버리는 자에게 성령님의 기름 부음이 임한다는 것이다.

보혜사 성령께서는 우리를 위해 친히 간구하시기에 성경을 읽을 때 말씀에 자신의 마음을 비춰 보아야 한다.

"성령님, 내 죄를 생각나게 해 주세요." 이렇게 기도하는 방법을 알려 주면

"그럼 일상적인 간구는 언제 하나요?"라고 질문한다.

"너희는 먼저 그의 나라와 의를 구하라 그리하면 너희 모든 것을 더하시리라"

큰 집에는 금과 은의 그릇이 있을 뿐 아니요. 나무와 질그릇이 있어 귀히 쓰는 것도 있고 천하게 쓰는 것도 있나니 그러므로 누구든지 자기를 깨끗하게 하면 귀히 쓰는 그릇이 되어 거룩하고 주인의 쓰심에 합당하며 모든 선한 일에 준비함이 되리라(딤후2:20-21).

하나님께서는 크기나 재료의 종류에 상관없이 깨끗한 그릇을 사용하신다. 믿는 사람 가운데서도 더러운 그릇은 버림받는다는 사실을 절대로 잊어서는 안 된다.

두 사람이 함께 잠을 자다가 한 사람은 데려가고 한 사람은 남는다. 양과 염소를 가른다. 그러므로 주의 재림을 준비하는 성도들의 마음 상태는 평강 가운데서 나타나기를 힘써야 한다. 그러기 위해서는 죄를 심상히 여기는 미련한 자가 되지 말고, 날마다 세마포를 빠는 복 있는 성도가 되어야 한다.

훈계를 좋아하는 자는 지식을 좋아하거니와 징계를 싫어하는 자는 짐승과 같으니라(잠12:1)

이 책을 읽는 모든 사람이 죄의 심각성을 깨달아 마음속에 숨은 죄를 낱낱이 찾아 자백하여, 점도 없고 흠도 없이 거룩한 주님의 신부로 단장하고 어린양의 혼인 잔치에 참여하기를 바라는 마음이다.